洞察と戦略で勝つ！剣道

全日本選手権優勝者が伝える、
状況に応じた試合運びの極意

鈴木 剛

洞察と戦略で勝つ！剣道

全日本選手権優勝者が伝える、状況に応じた試合運びの極意

【第五章】打突の好機を逃さずに一本を取る攻略法

【第六章】有効打突の要件と反則行為

本書の使い方

本書は1章から3章までは、試合に臨むときの状況に応じた戦略の立て方を解説しています。したがって、章の最初では、それぞれの状況（五分の状況、負けている状況など）に応じた基本的な考え方や、心得ておきたい事項などを解説しています。その後は各章共通で、それぞれの章のテーマに則った戦略の立て方を解説していきます。

●ワンポイント

解説している項目で、特記しておきたい事柄について触れています。

【基本ページ】

四隅を色で囲っているページです。

●タイトル

そのページで解説する考え方や戦略のタイトルです。

●本文

そのページで解説する考え方や戦略の概要が記載されています。

●注意点

解説している項目について、特に注意しておきたい事柄について触れています。

●アドバイス

解説している項目について、より効果的であったり、理解を深めるための事柄に触れています。

●手順

解説されている項目を行う手順を連続写真で解説しています。

●図

試合場での位置を俯瞰している図です。紫色が対戦相手、青色がこちらを表しています。

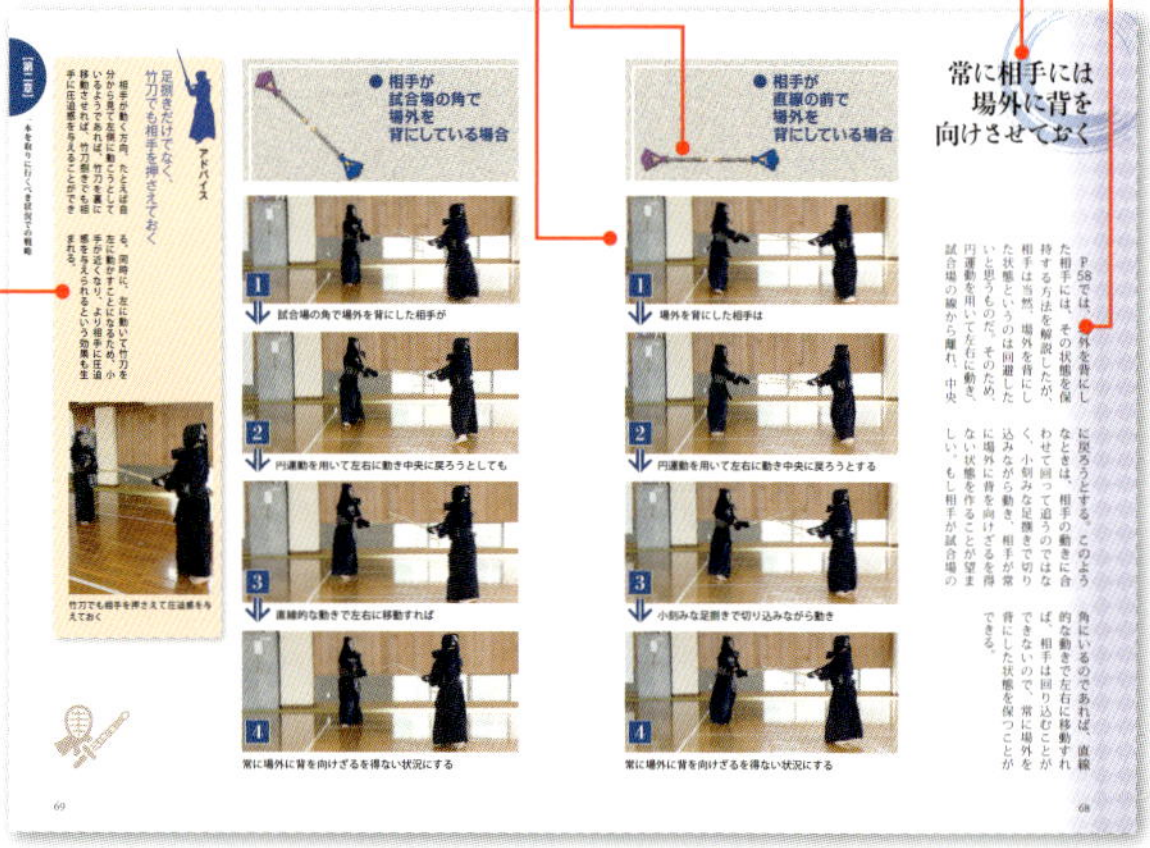

【通常ページ】

それぞれの章のテーマに則ったページです。

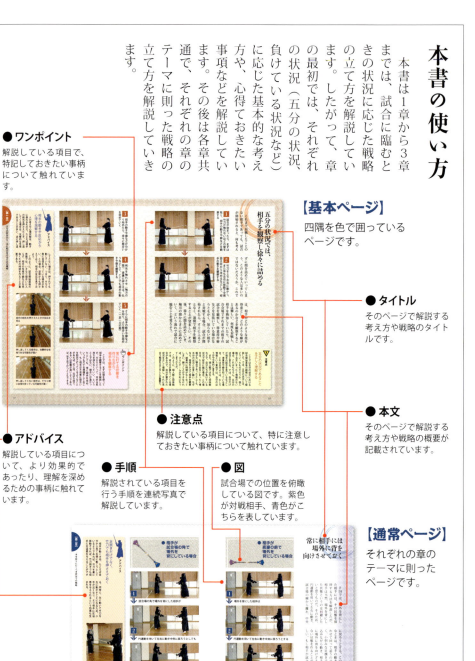

【巻頭インタビュー】

鈴木 剛

剣道で試合に勝つ意義と強さを身につけた——その先にあるもの

勝ち負けではないと言われる剣道において、それでも勝ちたい気持ちが必要な理由とは。そして、試合に勝ち、勝てる強さを身につけた剣士が、その先に目指すべきものとは。

剣道をはじめるきっかけと幼少期の剣道

私の母が熊本の出身で、子供の頃、本人は剣道をやっていなかったんですが、剣道をやっている人が周囲に多く、将来、自分に男の子が生まれたら剣道をやらせたいと思っていたそうです。それで、実際に私が生まれ、4歳の頃だったと記憶していますが、自宅の近くに道場ができ、そこに通い始めたのが直接的なきっかけです。まだ幼かったこともあり、私自身が剣道を習いたかったわけではありませんでしたが、母親に連れていかれ、そのまま剣道をはじめていた、という感じですね。当時の実力はというと、めちゃめちゃ弱かったですよ（笑）。年齢が下だからということでもなく、小学生の頃は本当にまったく勝てませんでした。当時住んでいた千葉県館山市で試合をしても、最高で3位くらいまでは行きましたかね。断トツで強かったということもなく、ごく普通に少年剣道をしているという感じの幼少期でした。また、小学生の頃は剣道だけをやっていたわけではなく、サッカーや水泳、交通安全協会が催している自転車の競技などもやっていて、剣道より、むしろ自転車の競技に力を入れていました。自転車を安全に乗るといった競技ですが、6年生の時は全国で3位になっています。

剣道が強くなりはじめた転機

実は小学校卒業と同時に剣道はやめようと思っていたんです。他のスポーツをやってみたいという思いがあったので。ただ、その思いを父親に話したところ、「やめてもいいけれど、いままで剣道をやってきて本当にやりきったかどうか。自分でやりきったと思えるのであればやめてもいい。もし少しでもやり残したことがあると思うのであれば、もう3年間続けなさい」と言われたんです。なので、

自分の胸に手を当てて考えたとき、小学校ではサッカーや他のスポーツと並行しながらだったので、やりきっていないと気付き、それではだめだなと思って中学の3年間だけは剣道を続けようと思って剣道部に入ったんです。

とはいっても、入学した中学校は剣道の名門と言われるような学校でもなく、普通の地元の中学でした。ただ、剣道部の2年生、つまり1つ上の先輩たちが熱心で、かつ、ものすごくいい先輩だったんです。そしてその先輩たちと1年を過ごし、それぞれ1学年上になったとき、つまり私が2年生のとき団体で県で2位になれました。先輩たちの力のおかげなんですけどね。本当に恵まれていたと思います。そんな経験もあり、2～3年生の頃には、市単位くらいでは個人で優勝できるほどに成長しました。

まさかの挫折とさらなる転機

その後、地元の県立安房高校に進学しました。安房高校は文武両道を校訓に掲げているため、選手を集めて全国を目指すという感じではないのですが、剣道部は当時から古豪で、千葉県内で優勝するくらいの実力はありましたね。中学では、そこそこの実績を残してきたという自負があったので、ある程度自信を持って入部したんですが、同級生たちがBチームなどになっていた中、私は女子の相手、男子のDチームくらいだったんです。これにはものすごくショックを受けて、やる気がなくなってしまい、部活を休みがちになってしまいました。そんな感じでしばらく過ごしたのですが、最上級生の3年生が部活を引退するというタイミングで、同級生に「全国目指して頑張ろうぜ」と声をかけてもらったのがきっかけで、再度やる気のスイッチが入ったように思います。

そのことがきっかけかは分かりませんが、団体戦で県で準優勝、新人戦で2位の成績を収めることができました。そして自分たちが2年生になったときには、団体で県で優勝し、個人としても国体の選手に選ばれ、出場しています。そのとき全国で5位になり、このあたりから剣道が面白くなってきたように思います。3年生のときは、あまり成績が残せませんでしたが、このときも国体があり、千葉県の団体の大将として4位入賞しました。

剣道を強くしたもの

私のひとつの転機は、高校で訪れたと言えますが、何か特別なことをして状況が変わったというよりは、気持ちが変わったことが最大の要因だったように思います。

なにかひとつのことをするにしても、気持ちが入っていてやるのと、入っていないでやるのとでは、同じ内容でもまったく意味が違ってきます。たとえばメニューは同じでも、やらされているのか、自分でやっているのか、目標を持ってやったのか、という気持ち次第なのだと思います。実際、高校の時、部活は時間にして1時間半くらいのものでした。当時の顧問が「長々と練習をしても意味がない。人間、集中して考えてできる時間は1時間がいいところだ」と。その時間をしっかり集中してやりなさい、という教えだったんです。3時間も4時間も練習しているチームに、1時間半のチームが勝たなければいけないわけです。勝ちたいわけですから。そのためには練習内容に意味を持たせる、つまり工夫する、考える、ということをやらなければいけません。そういったことを考えるようになったのが、この時期ですね。部員は地元の学生ばかりでしたが、全員が同様に考えていたので先に述べたような好成績を残せたのだと思います。

剣道に勝ちたい気持ちは必要か

剣道はとかく勝ち負けではないと言われますが、私自身、剣道は勝ちたいと思って試合していました。だからこそ、短時間の練習でも勝つためにはどうすればいいかを考えたりしたわけです。剣道の目的は勝ち負けではないですが、目的を達成させるためのひとつの課題と、その評価として「この大会に勝つ」ということでいいと思うんです。学生などで目の前に試合があるなら、それをひとつひとつこなしていく。もちろん、大人や社会人になってからでも同じですが、勝つためにどうするか、というところから始めるのは、悪いことではないと思いますね。ただし「剣道の目的は勝ち負けなんだ」ではいけません。あくまでも目的は人間形成の道と言われます。

たとえば昇段審査などは、技術も当然見られているんですけど、心の強さをとても見られていると私は思っているんです。最終的には、そこに人間力というのを見られるんでしょうけど、そこに到達するまでの体験として、勝ち負けというのがあって、勝つためにどれだけ努力するんだとか、負けないようにするためにどうすればいいんだとか、そして、その練習に耐えていくことで心の強さを養っていく。そういった経験を通して、人間形成をしていくということです。

負けることから学ぶもの

剣道は負けることでも学べるので、負けることを恐れる必要はありませんが、悔しがることは必要です。私は少年剣道も指導していますが、子どもたちには「負けて泣くな」と教えています。泣くとスッキリしてしまうからです。悔しいというモヤモヤした思いになりたくなければ、練習するしかないと教えているんです。

ただ、勝ったときに勘違いしてはいけないのは、それで剣道のすべてを知ったと思ってしまうと、それは間違いです。もっと言えば、勝つことと同じくらい、負けることも知らなければ、最終的な目的に到達するのは難しい。

試合に負けて失うものなどありません。刀で切り合っているわけではありませんし、打たれても、そこで何かを学ぶということができるので。打たれたということは、見方を変えると、相手が自分の弱い場所を教えてくれているとも言えます。そこが弱いから打ったんだと教えてくれたと思えば、もし次に対戦することがあれば、それまでに次は打たれないよう練習できます。そう考えれば、負けること、

打たれることは何ら問題ありませんし、相手を尊重する気持ちも自然と芽生えてきます。

強さの先に何を目指すべきか

　小学生から大学までの学生剣道と、その後の生涯剣道では、求めるものが違っていいと思っています。

　学生の場合は、仲間を思う気持ちを学んでほしいと思います。極端な言い方をすれば、個人戦はどうでもいい。もちろん、勝てればそれに越したことはありませんが、それよりも団体はみんなで助け合える。みんなで同じ方向を向いて努力をしていける。負けることもあるけれど、もし1人が負けても4人でカバーできる、そうして勝ったとします。次は他のメンバーが負けても、最初に負けてカバーしてもらった選手がカバーできるような人間になってほしい。そういったメンバーが5人揃ったとき、剣道というのは結果が出るのではないかと思います。

　そのためには、練習では相手のことを思って行う、私生活も含めて相手のことを思いやる、一生懸命真剣に練習に取り組む。いい加減に剣道しているかどうかを、誰かが見ている、仲間も見ている。助けたり助けられたりする場面がありますから、お互いが助け、助けられたりがチームワークだと思うので、それができる人間になるための練習、稽古なんだと思ってくれればいいですね。

　これが大人になると、稽古する時間を確保するのが難しい中で、自分で時間を作って道場に足を運ぶことで、心が強くなるんじゃないかと思うんです。学生は与えられた時間の中で行うことが多いですが、社会人になると自分で求めてすることがより多くなります。ですから、そうやって自分から行うことで、自分は人が休んでいるときに、自分から一歩踏み出して練習に行ったんだという事実が、心の強さを形成していくのだと思います。

第一章

五分の状況から一本に結び付けるための戦略

個人戦の試合開始直後や、どちらも一本を取っていない状況。
あるいは団体戦で同点のまま迎える試合など、
相手と五分の状況の場合の考え方や攻め方などを解説していく。

五分の状況では、相手を観察し徐々に詰める

これまで対戦したことのない相手であっても、試合が開始されると、何も考えずに間を詰めていってしまう。このような人は多いのではないだろうか。これでは、相手がどのような技を得意とし、どのような癖があるのかなどを観察することは難しい。何度も対戦し、相手を熟知していたり、試合会場でそれまでの相手の試合を観察し、得意技や癖などを見抜いている場合ならともかく、知らない相手と対戦する場合、試合が開始されたら、すぐに入ることなく、遠間で相手を観察することが望ましい。その後、徐々に間を詰めていき、触刃の間からさらに詰めていく、という流れで試合に臨むことを覚えよう。

1 試合が始まったら、まずは竹刀が触れないほどの間を取り、相手の動きや癖などを観察する

2 竹刀を上下左右に動かし、また体も左右に移動させ側面正対から攻めるなどして、相手の動きを観察する

注意点
五分の状況であることを正しく理解する

ここでは五分の状況における試合開始直後の戦略について解説した。では、五分の状況とは、どういったものだろうか。個人戦でお互いまったく情報のない場合。これはもちろん、五分の状況と言える。では、自分だけが相手の試合を見ているなどして、得意技や癖を知っている場合。これは五分よりは、むしろ情報という意味では、自分のほうがやや有利と言える。

また、個人戦ではなく団体戦などで、自分たちが負けている状況で試合に臨む場合。この場合は、たとえお互いまったく情報がない場合であったとしても、五分の状況とは言い難い。なぜなら、時間をかけて相手を観察し、結果的に時間がなくなってしまい、勝つことができなければ、さらにチームが不利になってしまうからだ。

このように、個人戦と団体戦では、考え方が異なってくる場合があるので、自分が置かれた状況を正しく理解し、それに見合う戦術を立てることが重要だ。

3 相手の動きや癖などが分かり始めたら、徐々に間合いを詰めていく

4 剣先を触れさせ（触刃の間）、表裏に押さえる、払うなどして、ここでも相手の動きや癖を観察する

5 さらに相手の動きや癖などを知り、より間合いを詰めていく（一足一刀の間）

ワンポイント
常に打てる状態を作りながら、相手を観察する

ここでは、まずは間を使って相手を観察することを解説したが、だからといって、攻める気持ちを持たなくていい、ということではない。間合いが遠かったとしても、常に相手を攻め、いつでも打てる準備をしておこう。もし相手が不用意に間合いを詰めて打ってくるようなことがあれば、応じ技、出ばな技で、あるいは距離が遠いようであれば、抜き技で打つこともできる。

アドバイス
相手の動きや反応から心理を洞察する

人の考えや心理状態は、動きに表れるものだ。たとえば相手の剣先を押さえたとき、押し返してくる場合は、攻撃的な性格であることが多い。逆に押し返してこない場合は、押されても動じていない、つまり、そちら側に自信を持っている場合が多い。この場合、逆側からも押さえてみて、相手の反応を見てみよう。

このように、試合開始直後の序盤では、いきなり間合いに入らず、相手の性格や癖などを見抜くための時間を作ることが重要である。

相手の剣先を押さえたときの反応を見る

押し返してくる相手は、攻撃的な性格である可能性が高い

押し返してこない相手は、そちら側に自信を持っている可能性が高い

自分には近く、相手には遠い間合いで試合を進める

剣道で間合いというと、触刃の間合い、一足一刀の間合いといったように、目安となる状態や距離がある。しかし、これらは必ずしも自分が優位になれる間合いであるとは限らない。間合いとは、ひとつには物理的な距離という意味合いもあるが、もうひとつには、決して距離的な意味合いだけではないものもある。たとえば、自分が正しい姿勢で相手を攻めている状態のとき、相手がバランスを崩して重心が後ろになったとする。こうなると、自分にとっては一足一刀の間合いだったとしても、恐怖心からくる筋肉の膠着《こうちゃく》などもあり、相手は一足で打突できる距離まで跳ぶことができないため、遠い間合いとなる。常に、というのは難しいかもしれないが、この状態を長く作ることができればできるほど、試合を優位に進められる。

1 相手を攻め続け、常に中心を取るように心がける

2 相手に中心を取られても、すぐに中心を取り直して攻め続ける

3 相手が恐怖心から重心を後ろに下げるまで攻め続ける

4 相手の重心が後ろになったのを確認しても、さらに攻め続ける

5 自分にとって一足一刀の間合いであっても、相手にとっては遠い間合いになっている

アドバイス

自分が重心を後ろに下げてしまう機会を減らす

たとえ熟練の高段者であっても、試合中に重心を後ろに下げてしまったり、左足の踵を床に着けてしまうことは、よくあることだ。高段者だから重心を下げることはまったくない、ということはない。ただし、その回数を減らすことはできる。そのためには、普段から練習時の素振りなどでこのことを意識し、その都度注意して直すよう努力を積み重ねることが大切だ。重心を下げてしまったり左足の踵が着いてしまっても、そこに気付かず意識しないままでは、いつまで経っても改善することはない。

つまり、試合でも何度も重心を下げてしまったり左足の踵を着けてしまうことになり、試合を優位に進めるどころか、自分から不利な状態ばかり作ってしまうことになりかねない。

注意点

相手の重心が後ろになった状態を確認する

自分の攻めが効き、写真のように相手の重心を後ろに下げさせることが重要だ。この状態からでは、距離としての間合いは一足一刀だったとしても、普段通りの距離は跳べないため届かない。写真のように横から姿を確認できれば、重心が後ろになっていることは一目瞭然だが、実際の試合では、この角度から相手を見ることはできないので、袴や胴、面の角度、動きなどを総合的に見て判断しよう。

攻めが効いているときの相手の状態

▶攻めが効いていないときの、こちらから見た相手の状態例

◀攻めが効いていると、上体がのけぞって見える。面がねや面布団の見え方も異なる

攻め勝っているときの相手の反応を知り技につなげる

剣道では、中心を取って相手を攻め、攻め勝った状態から技を出す。試合では、攻め勝っていない状態のまま打突にいく場合も散見されるが、これでは有効打突にするのが難しく、さらには高段者になるほど、昇段審査に合格するのが難しくなるものだ。試合ではしっかりと相手に攻め勝ち、相手の重心を下げさせた上で、逃げさせたり、苦し紛れで不用意に技を出させてから技を出すように心がけておこう。そこで、この『相手に攻め勝った状態』になった場合の、相手の反応を整理して覚えておくと、打突の機会を判断するひとつの材料になる。まずは重心が後ろに下がることが大前提だが、その後、『避ける』『逃げる』『(苦し紛れに) 技を出す』の3つの反応をした場合は、自分が攻め勝っていると判断していい。

◉反応 その1 避ける

1

相手に攻め勝ち、重心を後ろに下げさせる

2

3

恐怖心から、避けながら間合いを詰めて入ってくる

◎反応 その2 逃げる

相手に攻め勝ち、重心を後ろに下げさせる

間合いを嫌い、左右や前後に下がって間を切ろうとする

◎反応 その3 技を出す

相手に攻め勝ち、重心を後ろに下げさせる

攻めることもせず、無理に技を出してくる

攻め負けていると判断した場合の対処法

試合をしていて、常に自分が攻め勝っている状態を維持できれば、それは理想だが、時には攻め負けてしまうこともある。自分が攻め負けて中心を取られそうだと感じた場合は、まずは完全に攻め負けてしまう前に、攻め返して中心を取り返すことを試みることが重要だ。これで中心を取り返せれば、打突のチャンスを作ることにもつながる。それでも、どうしても攻め負けてしまい、重心を下げてしまうような状況になった場合は、この状態をいち早く解消しなければならない。

そのためには、間合いを切って仕切り直すのがいい。足捌きでは、下がる足も練習しているはずなので、一旦足で捌いて間合いを切る。そして体勢を立て直し、あらためて攻め直すことを考えよう。

● 攻め負けそうだと感じた場合

相手に攻め負けそうだと感じたら、攻め返して中心を取り返す

中心を取り返せれば、打突のチャンスを作ることにつながる

● 完全に攻め負けてしまった場合

1

相手に中心を取られ、攻め負けてしまったら

2

中心を取り返しながら

3

一旦間合いを切る

4

体勢を立て直して

5

あらためて攻め直す

アドバイス

稽古では、なるべく攻め返す

実際の試合では、足捌きで間合いを切る場面も必ず出てくるはずだ。もちろん、攻め返して中心を取り返せれば一番いいが、試合では必ずしも上手くいくとは限らないし、攻め負けている状態で我慢しても、不利になるだけだからだ。

ただし、練習や稽古などで同じような状況、つまり攻め負けている状況になった場合は、なるべく攻め返して中心を取り直すことを心掛けておこう。間合いを切ることが当たり前になってしまうのではなく、まずは攻め返すという大前提があり、その上で、試合では勝つために間合いを切ることもある、という意識を持っていることが重要だ。

惜しかった技に過剰に反応する心理を利用する

一本取った場合はもちろんだが、仮に一本にならなかったとしても、惜しい技で打突すると、相手はその技に対して過剰に反応することが多い。逆の立場になって考えてみれば分かると思うが、もし自分が面で一本取られた、あるいは危うく一本取られそうな技で打たれている場合、相手の面を意識するのではないだろうか。このように、一本ないし惜しい技があった場合、相手が過剰に意識する心理を利用しない手はない。具体例を挙げるなら、面で一本あるいは惜しい打突があれば、相手は面を意識するため、過剰に反応した場合は手元が上がることになる。これが小手であれば、竹刀を開いて小手を隠そうとする。そのように意識させて裏の技で一本を狙うといい。

● 面に過剰に反応するなら、面に見せて小手を打つ

1

面で一本、または惜しい打突があった場合

2

面に行くように見せる

3

相手が面に対して過剰に反応する

4

手元が上がったところで小手を打つ

● 小手に過剰に反応するなら、小手に見せて面を打つ

小手で一本、または惜しい打突があった場合

小手に行くように見せる

相手が小手に対して過剰に反応する

竹刀が開いたところで面を打つ

もしくは…

状況に応じて突きを打ってもいい

アドバイス
何度も攻めて警戒心をなくさせない

一本が取れても、あるいは惜しい技があって相手にその技に対する警戒心を植え付けることに成功したとしても、時間がたってしまうと警戒心は薄らいでしまうものだ。

そこで、相手に過剰に反応させ裏の技を狙おうと思うのであれば、同じ攻めを何度も行い、警戒心を持たせ続けるように仕向けよう。当然、同じ部位を続けて打たれることは避けたいし、「また来るのか?」と思わせられれば、警戒心はむしろ大きくなり、大きくなればなるほど、反応も過剰になるというもの。より裏の技で一本を取りやすくなる。

自分が優位なら考える隙を与えず畳みかける

相手に攻め勝って中心を取る

畳みかけて攻め立てる

試合の中で攻め勝っている状況、という意味ではないが、試合をしていて自分の方が優位な立場であると感じたことはないだろうか。決して相手が弱いと感じる、という意味でもないのだが、自分の方が優位であり、展開も優位に進められていると感じられるようであれば、相手も同様に優位に進められてしまっていると思っているものだ。このような心理を含めた状況になれるようであれば、みすみす手放す手はない。畳みかけるように攻めよう。畳みかけることで、相手に考える隙を与えず、こちらの動きに対応することで一杯いっぱいな状況にさせることができれば、さらに自分が優位な状態のまま試合を進められるので、より勝ちに近づけるようになる。

4

相手に攻め勝って中心を取る

5

6

常に攻め続ける

注意点

相手が前に出てくることもある

畳みかけるように攻めていくと、相手は場外際に追い込まれるのを嫌がったり、こちらの隙を突いて前に出て打ってこようとする場合もある。こちらが攻めているからと言って、相手が攻めてくることはない、前に出てくることはないと思っていると、思わぬ反撃を受けかねない。常に相手の動きを見て、対応できるよう心がけておこう。

畳みかけている状況でも

時として前に出てくることもある

相手の動きをよく見ておき

対応することも必要

攻め勝っていても、あえて打たず相手に考えさせる

相手に攻め勝って中心を取る

相手に攻め負けていると思わせる

あえて打ちに行かず、考えさせる

前項P26では、自分が優位に試合を進められているようであれば、考える隙を与えないよう畳みかけると解説した。まったく逆だが、自分が攻め勝っている状況で、あえて打たずに相手に考えさせる、というのも、相手の心に隙を作らせる上で効果的だ。もし自分が攻められているときに相手が打ってこなかったら、「なぜ打ってこない?」と疑問に思ったり、不審に思うはず。このように相手の心理を揺さぶることで、心に隙を与えることができる。もちろん、試合時間のすべてを打たないというわけではなく、あえて打たない時間を設けたり、ときに畳みかける攻撃も行うなどして、相手の心を攻略していく戦略を立てるのも、試合に勝つ上で重要なことだ。

徐々に場外際に
追い詰めていく

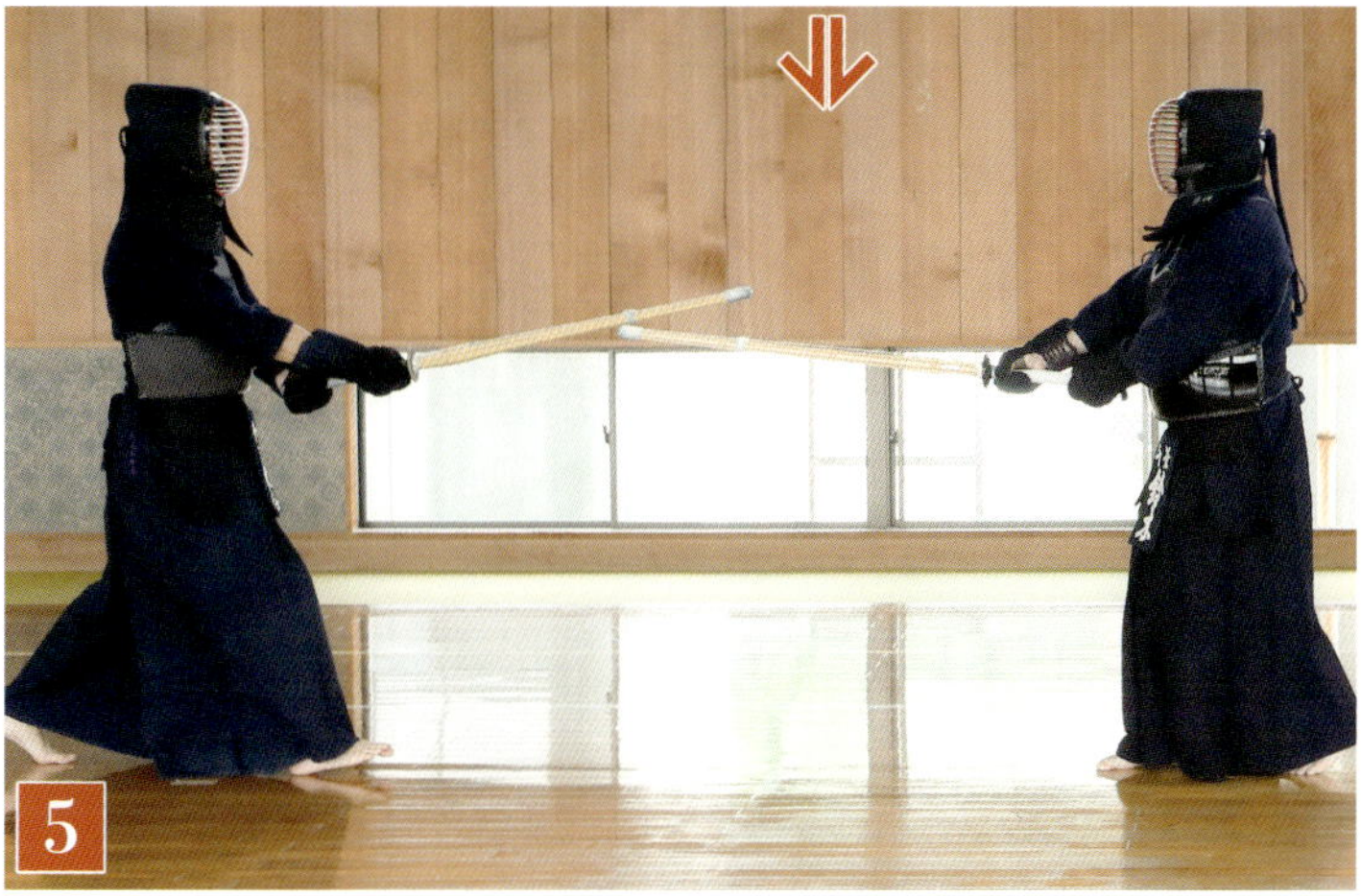

畳みかける攻撃に切り替えるなどして、心を攻略する

注意点

休憩ではないので、常に攻めておく

ここでは、攻め勝っている状態であえて打ちに行かない効果を解説したが、打たないからといって、攻めなくていいということではない。ましてや自分が休むために打たないわけではない。攻め続け、相手に攻め負けていると思わせることができてはじめて、打ちに行かないことで迷いを生じさせることができるのだと心得ておこう。

攻めの姿勢は常に見せておく。そして攻め勝っておく。「この状況でなぜ打ってこないんだ?」と相手に思わせることが重要であり、ここで解説した戦略の最大のポイントなのだ。

打ちに行かなくても攻め続けておく

側面正対で攻める

試合では、相手と正面で向き合って戦うのが基本だが、側面から攻撃する、いわゆる「側面正対」で戦う方法もある。これは相手より背が小さいなど、体格的に劣っている場合などに、効果を発揮する。側面正対では、自分は相手に正対していても、相手は正対していない状態なので、仮に同時に打ちに行った場合、こちらはすぐに打てるが、相手は一度正対してから打ちに行くことになる。つまり、相手はその分の遅れが生じるので、体格差による移動距離のロスを補うことができ、対等になれるわけだ。

正面からでは勝機が見出せないと感じるようであれば、攻めの中で側面正対なども織り交ぜながら、相手の弱点を攻めていくことも重要になってくる。

1

体格的に劣り、正面からでは勝機が見出せないと感じたら

2

側面正対も織り交ぜながら攻めていく（ここでは右からの側面正対）

3

左からの側面正対でも攻め、相手の弱点を探る

4

常に側面正対ではなく、正面などと切り替えながら試合を進める

アドバイス

足捌きを用いて、左右の側面正対から攻める

側面正対というからには、相手に正対している必要があることは言うまでもない。つまり、単なる左右への足捌きではなく、左右どちらに捌いた場合でも、斜めから相手に正対するような足捌きをすることが重要だ。読者の皆さんなら、これで十分理解できているとは思うが、ここではあらためて、側面正対するための足捌きを解説しておこう。

右から側面正対になる場合は、まず右足を右に開くが、着地するときにやや内側、つまりつま先がやや左に向くように着地させ、左足を引き付ければいい。左の場合はその逆で、左足を左に開くとき、つま先がやや内側、つまりやや右側に向くように着地させて右足を引き付ければいい。やや内側というのは、つま先が相手に向いている、ということだ。

右からの側面正対の足捌き

左からの側面正対の足捌き

表からの面、突きは竹刀を摺り込むと一本に近づく

自分が攻め勝ち、中心を取った状態で面または突きを打つ場合、相手の竹刀を押さえて打つことが多いのではないだろうか。もちろん、この打ち方は基本的な技で間違っているわけではない。しかし、より一本に近づけるためには、中心を取ったら竹刀を摺り込みながら打ちにいくと、最後まで中心を取ったまま素早く打ちに行くことができる、という利点が生まれる。同時に、相手が竹刀を中心に戻すことが難しくなるので、一層、一本に近づける戦略的打突方法だ。

　また、押さえられていたものが離れた瞬間というのは、相手が変化を察知する瞬間でもある。つまり、摺り込むという行為は、竹刀に触れたまま相手に察知されず距離を縮めることにな

竹刀を摺り込んで面を打つ

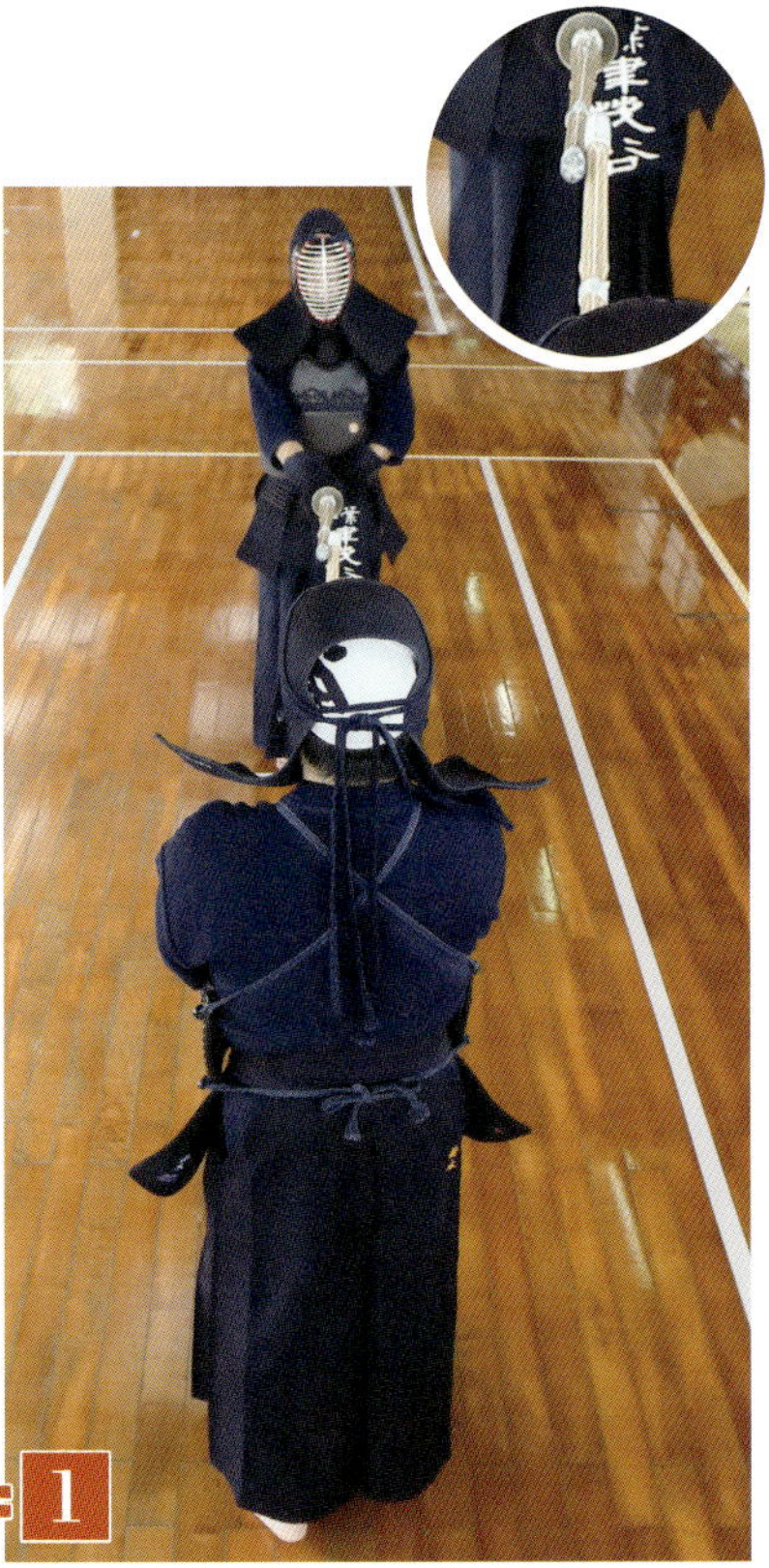

1

2

相手に攻め勝って中心を取る

るので、相手の反応を遅らせるという効果も生む。

注意点

体重を竹刀に乗せ過ぎない

竹刀を摺り込んで入っていく際、自分の体重を竹刀に乗せ過ぎてしまうと、相手が竹刀を外したとき、簡単にバランスを崩してしまうことになる。そこで、自分の体は平行移動させるようなイメージで、体重を竹刀に乗せ過ぎないように注意しておこう。体を平行に保てておければ、仮に相手が竹刀を外しても、バランスを崩すことはない。

▶体重を乗せ過ぎてしまうと

◀手の竹刀が外れたとき、バランスを崩す

中心を取ったら竹刀を摺り込みながら入っていく

中心を取ったまま間合いに入り面を打つ

自分の竹刀が相手の面に近づく方向に払う

相手の竹刀を払うとき、それが表からであっても裏からであっても、多くの場合、真横に払っているものだ。しかし、真横に竹刀を払うと、払い終わったあと、自分の剣先も反動で真横に動くことになる。払ったあと面または突きに行くことを考えたら、この横の動きは合理的とは言えない。また、相手との竹刀が平行に近く角度がないため、上下に払うのも難しい。そこで、表から払う場合は、右斜め上から左斜め下に払うと、反動で竹刀は右斜め上にあがってくることになり、面や突きに移行しやすくなる。裏から払う場合は、左斜め下から右斜め上に払うと、そのまま面または小手に移行できる。また、表から払う際は右手の手のひらで、裏から払う際は右手の甲で払うイメージを持っておくといい。

●表から払って面を打つ

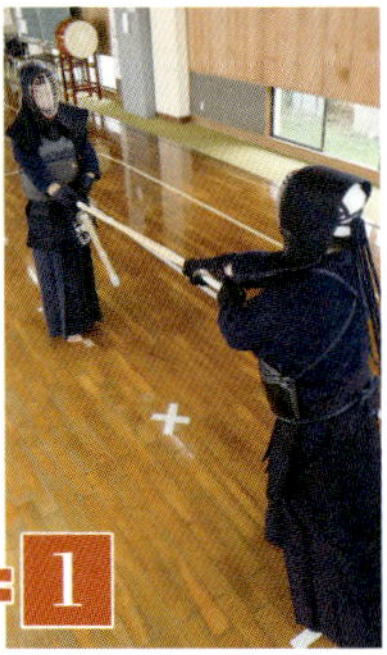

相手に攻め勝って中心を取る

右斜め上から左斜め下に払う

●裏から払って小手を打つ

相手に攻め勝って中心を取る

左斜め下から右斜め上に払う

注意点

剣先を相手より外側に出さない

表から竹刀を払う際、強く払うことを意識しすぎたりすると、自分の剣先が相手よりも外側に向いてしまうことがある。ここまで大きく剣先を外してしまうと、相手に先に戻されて中心を取られたり、戻すのが遅くなるため、逆に相手に打たれる危険性も出てくる。そこで、特に表からの払いでは、自分の剣先が相手の体よりも外側に出ないよう注意しておこう。

払った勢いで竹刀が右上に戻ってきたら、そのまま面に移行する

面を打突する

剣先を中心に戻しながら、そのまま小手に移行する

小手を打突する

ワンポイント

自分が斜めに動いてから払うと、角度が付くので払いやすくなる

左の2枚の写真を見比べてほしい。左は相手と正面で向き合っている場合。右は自分が斜めに動き、側面正対で相手に対して角度を付けた場合だ。正面で向き合っている場合、お互いの竹刀はほぼ平行だが、斜めに動くと、その分、相手の竹刀と角度が付いているのが分かる。竹刀を払う場合は、平行の状態で払うよりも、角度を付けた方がより払いやすくなるので、毎回とは言わないが、頭に入れておき、状況などに応じてレパートリーを増やしておくといい。

竹刀を大きく小さく見せ、上を攻めて反応を見極めて面を打つ

自分が攻め勝っていて、面の一本打ちを狙う場合は、喉や顔の中心など相手の中心を攻めていくことが多い。そこで、ここではもう一歩踏み込んで、より効果を発揮する強い攻めにするための戦略を解説していく。方法はふたつ。ひとつは竹刀をやや立てるようにして、通常に見えているよりも竹刀を大きく見せること。瞬間的に竹刀が大きく見えることで恐怖心を与えることができる。もうひとつは、逆に竹刀を小さく見せること。これは相手の視線と竹刀の角度をなくすことで、竹刀を限りなく点に近い状態で見せるもの。瞬間的に竹刀が小さく、あるいは見えなくなることで、恐怖心を与えることができる。相手によって、どちらにより反応するか、また反応そのものも「いつく」のか「恐怖心から打ってくる」のかなどを見極めながら技を出すことが望ましい。

● 竹刀を大きく見せて攻める

1

相手に攻め勝って中心を取る

2

瞬時に竹刀をやや立てるようにして、大きく見せる

3

4

相手の反応を見て技を出す

注意点

竹刀を大きく見せる場合は、小手に注意

竹刀を小さく見せる場合は、こちらの手元が大きく動くわけではないので、それほど危険はないが、大きく見せる場合は、こちらの手元を見せることになる。したがって、その瞬間、小手を狙われる危険性もあるので、頭に入れておこう。そのため、大きく見せる場合は、相手の小手に対する準備も同時にしておき、いつでも打てる状態にしておくことが重要だ。

こちらの手元が上がった瞬間

小手を狙われる危険性もある

● 竹刀を小さく見せて攻める

1

相手に攻め勝って中心を取る

2

瞬時に竹刀を小さく点に見せて、相手をいつかせる

3

4

相手の反応を見て技を出す

剣先を落としたりして下を攻めて反応を見極めて面を打つ

● 剣先を真下に落として下を攻める

1

相手に攻め勝って中心を取る

2

瞬時に剣先を下げて下を攻める

3

4

5

相手の反応を見て技を出す

自分が攻め勝っていて、面の一本打ちを狙う場合は、相手の下（手元）を攻めて竹刀を下げさせて面に行くことが多い。そこで、ここではもう一歩踏み込んで、より効果を発揮する強い攻めにするための戦略を解説していく。方法はふたつ。ひとつは自分の剣先を相手の真下に落とし、相手の手元（鍔の下）を攻めること。瞬間的に下を攻められ、恐怖心から竹刀を下げるようであれば、面が大きく空く。もうひとつは、こちらの剣先を時計回りで半円を描くようにして小手に見せて攻めることだ。あえて中心を外して小手に見せることで、相手が小手を警戒して竹刀を開くようであれば、この場合も面が空く。ただし剣先を下げることで、こちらの面も空いてしまうことになるので、その瞬間に面に来られてしまう危険性もある。そのことを頭に入れておき、面に来られるようであれば、そのまま小手を打ってもいい。常に打てる準備をしておきながら、相手を攻めよう。

アドバイス

小手が打てる状態を作っておけば怖くない

相手の下を攻めるということは、自分の剣先が下がるということでもある。つまり、相手から見れば下を攻められている反面、相手（こちら）の面が空いている状態でもある。下を攻めた結果、相手が小手を警戒して剣先を下げるようであれば面に行けばいい。

しかし、こちらの面を打ってくるようであれば、小手を攻めているので、そのまま小手を打てばいい。このように、小手が打てる状態を作っておくことができれば、たとえこちらの面が空いていても、それを恐れることはない。

剣先を真下に落としたとき

打ってくる相手もいるので

小手が打てる状態を作っておく

● 半円を描いて中心を外し小手を攻める

相手に攻め勝って中心を取る

瞬時に半円を描いて小手を攻める

相手の反応を見て技を出す

竹刀を押さえ戻るところで上から小手を打つ

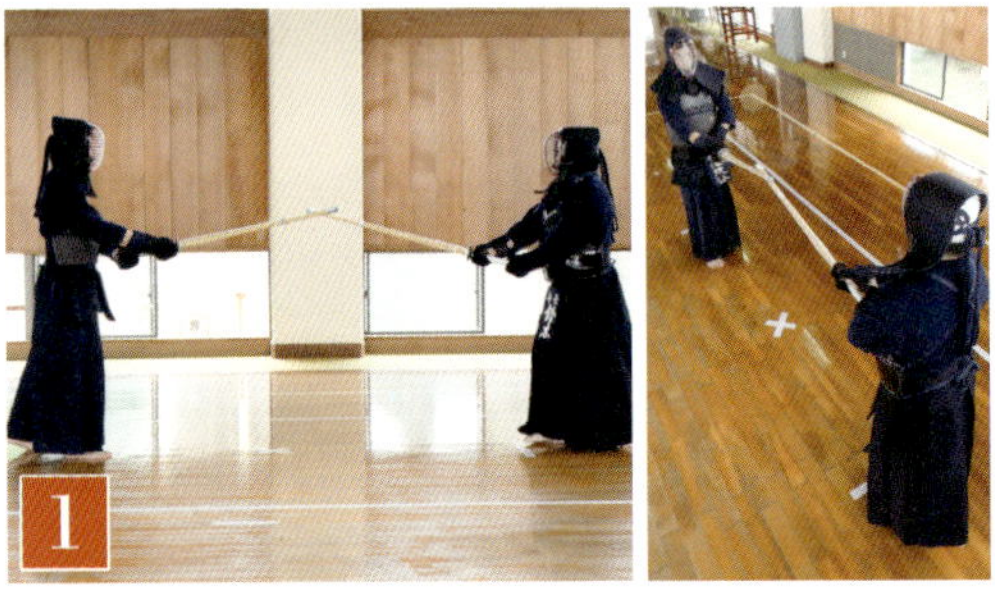

相手に攻め勝って中心を取る

竹刀を摺り込みながら、相手の竹刀を左斜め下に強めに押さえる

竹刀を抜き、相手の竹刀を戻らせる

上から小手を打つ

自分が攻め勝っている状態から小手を狙う場合は、相手の剣先を押さえ、戻ってくるところで上から小手に行くことが多い。この方法で小手を打つ場合、竹刀を押さえるとき、単に横に押さえるのではなく、竹刀を摺り込みながら、左斜め下に向かって少し強めに押さえるといい。なぜなら、真横に押さえた場合、相手の竹刀の戻りは当然、真横になるが、左斜め下に押さえた場合は、竹刀は右斜め上に動くことになり、相手の小手も上にあがるからだ。この方が、断然小手が打ちやすくなる。押さえる場合に限ったことではないが、

自分がどこをどのようにして打ちたいかを考え、その打突部位をより打ちやすくするためには、相手をどのように動かせばいいのかを考えると、払いや押さえなどの方向もおのずと理解できてくるはずだ。

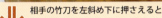

アドバイス

真横に押さえると小手が打ちにくくなる

右の写真は、相手の竹刀を真横に押さえ、竹刀を抜いて戻った瞬間の相手の手元の位置だ。対して左の写真は、相手の竹刀を左斜め下に押さえ、竹刀を抜いて戻った瞬間の手元の位置になる。このように比較してみると、小手の位置が違うのが一目瞭然だ。これを見れば、どちらの方がより小手を打ちやすいのか理解できるはず。特に上から小手を打つ場合は、このように相手の手元を上げさせることを考えよう。

P158でも触れるように、元立ちの練習でも、こういった視点は養える。

● 左斜め下に押さえた場合

相手の竹刀を左斜め下に押さえると

竹刀を抜いたとき手元が上がり、
剣先も右に開く

● 真横に押さえた場合

相手の竹刀を真横に押さえると

竹刀を抜いたとき手元は上がらず、
剣先だけが右に開く

半円を描くように竹刀を押さえ、下に抜けたところで小手を打つ

前項P40では、相手の竹刀を左斜め下に押さえて、戻ってくるところで上から小手を打つ技術について解説した。ここでは、相手の竹刀を押さえ、戻ってくるところで下から小手を打つ技術について解説する。上からの場合は、相手の手元を上げさせるために、左斜め下に押さえるのがポイントだったが、下から打つ場合のポイントは、反時計回りの半円を描くように相手の竹刀を押さえることがポイントだ。半円を描くように押さえることで、自分の竹刀が中心に戻ってくるときに下に落ちて抜け、同時に相手の竹刀が左に開いて小手が空くので、その瞬間を逃さず下から小手が打てる。相手に、自分が求める動きをさせる、体勢にさせる、という発想を持っておこう。

相手に攻め勝って中心を取る

反時計回りに半円を描くように相手の竹刀を押さえる

3

こちらの竹刀が下に落ちて抜ける

4

押さえられていた相手の竹刀が左に開く

5

下から小手を打つ

ワンポイント

相手には竹刀が抜けたと思わせる

半円を描くように竹刀を押さえるメリットは、抜けやすくするためだけではない。相手に、意図せず抜けてしまったと思わせることもできるからだ。つまり、竹刀を押さえることを失敗したと思わせることができるため、それが相手の心の隙に直結するわけだ。その隙を逃さず小手に移行すれば、一本が取れる可能性も、より高くなる。

中心を取った状態から

半円を描くように竹刀を押さえる

途中で意図せず竹刀が外れたと思わせることができる

裏から小さく払って小手を打つ

● 裏から小さく払えば、時間的にも短く、すぐ先に小手もある

相手に攻め勝って中心を取る

裏から相手の竹刀を小さく払う

払ったら、そのまま竹刀を落としていく

そのまま小手を打つ

払い小手は、表と裏、どちらもあるが、試合では表から払った方がリスクが高くなる。なぜなら、表からの払いでは、相手の竹刀が戻るのを待って小手を打つため、戻るまでの時間が発生し、その間に打突される危険があるからだ。逆に裏から払う場合は、竹刀のすぐ先に小手があるため、戻りを待つ必要がなく、すぐに打ちにいける。裏から相手の竹刀を払う場合は、右手の甲で払うようなイメージで、小さく払おう。それでも十分小手は空くし、時間的にも十分だ。逆に大きく払ってしまうと、自分の剣先も大きく動いてしまうため、この場合もリスクが高くなってしまう。もちろん、表からの払い小手を否定するつもりはないが、リスクが少ないという意味においては、裏からの払い小手が有利であることは間違いない。

● 表からの払い小手は、打突までの時間が長くなりリスクが高くなる

相手に攻め勝って中心を取る

表から相手の竹刀を払う

相手の竹刀の戻りを待つ

相手の竹刀の戻りに合わせて竹刀を裏に移動させる。3と4の間が危険

相手の竹刀が開いたところで小手を打つ

注意点

表からの払い小手はリスクが高くなる

表から相手の竹刀を払い、その戻りに合わせて竹刀を裏に回して小手を打つ払い小手もあるが、打突までの時間が長くなるため、リスクが高くなる場合もあると覚えておこう。時間がかかるということは、相手に面や突きを晒す時間も長くなることに直結するからだ。ただし、こちらが払った竹刀を戻すのが早い相手であれば、リスクは高くない。

手元を上げたまま相手の竹刀の戻りを待つことになる

相手の竹刀が戻ってきたとき

小手を打たれるリスクが高くなる

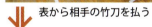

面があるから小手の攻めが効果的になる

面で一本を取っていたり惜しい打突があり、相手に面を意識させる

上を攻める

面を隠そうとして手元が大きく上がれば

ここまで、五分の状況から一本に結び付けるための戦略的な面の打ち方、小手の打ち方を解説してきたが、ひとつ意識しておいてほしいことがある。それは「もし相手が面に脅威を感じていなかったとしたらどうだろう?」ということ。つまり、自分が面を不得意としていることを悟られてしまい、「この相手であれば面が見切れる、まったく面を恐れることはない」と思われてしまったら、相手は小手だけ注意しておけばよくなるわけだ。これでは小手を攻めたところで、相手にとっては小手を打たれる危険性も低いままだ。結果、面も小手も打てない、という状況に陥る。相手には、面が脅威だと思わせることができてはじめて、小手だけ注意して隠すわけにもいかず、攻めが多彩になっていく。すべては面あってこそだと心得ておこう。

アドバイス

面、突きがあるから手元が上がる

物事に表と裏があるように、面を隠せば小手が空く、小手を隠せば面（または突き）が空く、というのが剣道の本質だ。もし相手が面に脅威を感じていなければ、面は空いたままでも構わなく、小手だけ隠しておけばいいということになる。つまり、裏に注意を払う必要がなくなるので、相手に脅威を与えることは難しい。面が不得意で小手ばかりに頼ってしまうような人は、小手を隠されてしまうと攻め手がなくなることになる。小手を打ちたいからこそ、面を習得する必要があるのだ。

面や突きが脅威と思わせられればこそ、手元を上げさせられる

胴が空く

手元が上がれば

小手が空く

下に強めに押さえ、強く反動させて胴を打つ

1

相手に攻め勝って中心を取る

2

相手の竹刀を上から下に強く押さえる

3

相手の竹刀を押さえながら打ち間に入る

自分が攻め勝っていて、胴の一本打ちを狙う場合は、小手を狙う以上に相手の手元を大きく上げさせる必要がある。また、小手では相手の竹刀を開かせる必要があったため、左斜め下に押さえたが、胴の場合、竹刀を開かせる必要はなく、手元を上げさせたいので、斜めではなく上から下に強く押さえるといい。強く押さえれば、その分、反動も強くなり、竹刀を抜いたとき、相手の手元が大きく上がり、胴が打ちやすくなる。相手の竹刀を押さえるときは、正面からだと押さえにくいので、側面正対で体ごと斜めから押さえにいくと、角度が付くため、より押さえやすくなるので、覚えておこう。

注意点

上半身だけで押さえない

相手の竹刀を強く押さえる場合、上半身だけで押さえようとしてしまうと、体重を乗せてしまいがちだ。写真を見て分かるとおり、体重を乗せようとしてしまうとバランスが崩れ前傾姿勢になってしまう。これでは相手に竹刀を抜かれた瞬間にバランスを崩すため、非常に危険だ。上半身だけでなく、必ず体全体を使って押さえるイメージを持っておこう。

上半身だけで押さえようとすると、バランスを崩す

上から押さえた反動を使って相手の手元を大きく上げさせる

空いた胴を瞬時に打突する

ワンポイント

斜めから押さえる

左の写真は、正面から相手の竹刀を押さえている。角度があまりないので、押さえにくいだけでなく、相手にとっても竹刀を抜きやすくなってしまう。対して右の写真では、側面正対で相手の竹刀に対し、角度を持たせているため、押さえやすく、しかも相手にとっても抜きにくいというメリットが生じている。相手の竹刀をより強く押さえたい場合は、このように角度を付けると押さえやすくなるので覚えておこう。

ただし正面では、真っすぐに入れるため、側面正対よりも早く打ち間に入ることが可能となる。つまり、側面正対の方が打ち間に入るまでに時間がかかるというデメリットもあると覚えておこう。

正面から押さえた場合は竹刀の交差に角度がない

側面正対で斜めから押さえた場合、竹刀の交差に角度が付く

竹刀を大きく小さく見せ、上を攻めて反応を見極めて胴を打つ

1 相手に攻め勝って中心を取る

2 瞬時に竹刀をやや立てて大きく見せ、相手の反応を見る

3 瞬時に剣先を相手の眉間に向けて小さく見せ、反応を見る

Ｐ36では、竹刀を大きく見せたり小さく見せたりしながら上を攻めて面を打つ技術を解説したが、同じ流れで、相手が面を警戒し手元を大きく上げるようであれば、胴を打つこともできる。竹刀をやや立てるようにして大きく見せた場合と、相手の視線と竹刀の角度をなくすことで竹刀を小さく点で見せた場合、相手がどのように反応するのかを何度も確認しながら、手元を大きく上げる瞬間を探ろう。そして、その瞬間を逃さずに胴を打てば、一本を取ることができる。この場合も、竹刀を大きく見せた瞬間はこちらの手元も上がるので、相手が打ってくる可能性もあることは忘れずに頭に入れておこう。

4

相手が面を警戒して手元を大きく上げた瞬間

5

6

瞬時に胴を打つ

注意点

大きく見せると打ってくる場合もある

ここでは、上を攻めて手元を上げさせておいて胴を打つ戦術を解説しているが、手元を上げさせようとして竹刀を大きく見せた瞬間、打ってくる相手もいるので注意しておこう。こちらが竹刀を立てた瞬間、恐怖心、あるいはこちらの手元が上がったと判断するなどの理由からだ。相手の反応を見極める場合でも、打てる、あるいは相手の打突に対応できるような準備は、常にしておこう。

アドバイス

どちらが効くか見極める

試合中は、攻めること、打つことだけを考えるのではなく、常に相手の動きを見て、何を考えているのか、どのような反応をするのかなど、常に相手を洞察しておくことが重要だ。ここで言うなら、こちらの竹刀を小さく見せた場合と大きく見せた場合の反応の違い、どちらの場合が打ちやすく、どのような状態だと打ってこようとするのかなどを見極めておこう。竹刀を小さく見せれば手元が上がる、あるいは立てれば手元を上げるとは限らないのだから。

◀竹刀を大きく見せたときに反応するのか

▶小さく見せたときに反応するのか見極める

試合場の広さを確認することの重要性

剣道の試合場は、一辺が9mから11mと定められており、2mの幅があるため、必ずしも同じ大きさ、広さであるとは限らない。また、正方形と定められているわけではないので、会場によってはひとつの試合場でも、一辺が短く、一辺が長く感じられることもあるだろう。

普段、稽古している場所と同じイメージでいると、試合中、思っていたよりも境界線に近づいていた、ということもあり得る。そこで、試合の当日、会場入りしたら、必ず試合場の大きさを確認する癖をつけておこう。

具体的に確認しておきたいのは次の通りだ。

❶ 試合場の二辺を歩いて確認する

二辺を歩くことで、正方形なのか長方形なのか、どちらに長くどちらに短いのかなど、大きさや形状を確認しておく。また、普段使用している場所と比較し、差を意識しておくことで、試合中、自分のいる位置をイメージしやすくすることができる。

❷ 中心や境界線から見える景色を確認する

試合場の中心に立って見える景色、端に立って見える景色などを確認しておくと、試合中、自分がどのあたりにいて、場外までどれくらい余裕があるのかなどの判断基準になる。

第二章

一本を取りに行くべき状況での戦略

個人戦で一本を先取されている場合や、団体戦で負けている状態で迎える試合など、是が非でも一本を取りたい状況。このような場合の考え方や攻め方などを解説していく。

一本を取りにいかなければいけない場合は、間合いは一足一刀より近くして攻める

一本を先取されてしまった場合は、まずは一本を取り返さなければならない。これは個人戦に限らず、団体戦であっても、たとえば自分たちが負けている状態で試合に臨む場合は、やはり一本を先取して、その試合を優位に進めていく必要がある。このように、一本を取りにいかなければならない場合は、基本的に触刃や一足一刀の間合いよりも詰めて、相手と近い間合いで攻めていく必要がある。試合時間が少なくなれば、なおさらだ。自分が先に一本取った場合を考えれば理解できるだろう。相手が間合いを詰めてくれば詰めてくるほど、脅威と感じると同時に、素早く反応しなければいけないという心理が生まれる。逆に間合いが遠ければ遠いほど、リスクが低くなり脅威を感じない。ただし、間合いを近くして攻めるということは、相手にとっても打ちやすい状態になるので、そのリスクは頭に入れて攻めていこう。

1 一本を先取された場合や、団体戦で負けている場合は、開始直後から間を詰めていく

2 相手が打ってくることも想定しながら間を詰める

3 触刃から一足一刀の間合いまで一気に詰め、そのまま相手を攻める

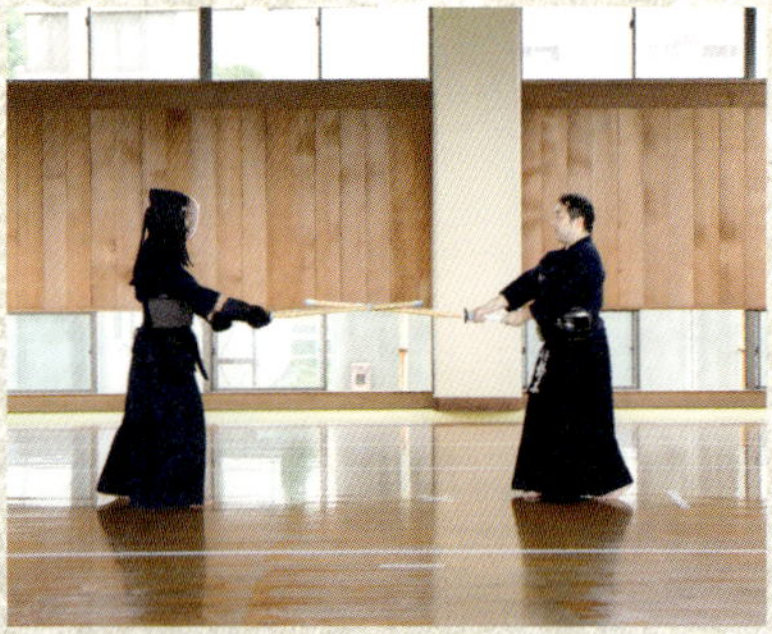

4 さらに間合いを詰め、その間合いのまま相手を攻める

注意点

打たれる可能性も高いと理解しておく

間合いを詰めて近間に入るということは、当然、相手から見てもすぐに打てる間合いになっているということ。また、こちらはリスクを冒してでも一本を取りに行こうとしている状況で、逆に相手にしてみれば、リスクを低くしたい心理状況になっていると言える。

したがって、近間に入ってこられることを嫌がるため、焦って打ってきたり、その逆で技を避けようとする心理から、こちらの動きに過敏に反応するなどの動きをすることが多い。打たれるリスクは必ず頭に入れておこう。また、相手が過敏に反応する場合は、次のページから、それを逆手に取った攻め方を解説するので、そちらを参考に戦略を立てよう。

● 過敏に反応する場合

こちらの動きに過敏に反応する場合は

その動きを逆手に取って攻める

● 相手が打ってくる場合

相手が焦って打ってきた場合は

返し技を狙うといい

相手を下がらせて、場外を背にさせる

中心を取って攻めながら、一足一刀の間合いよりもさらに間を詰める

近い間合いを嫌がり相手が間を切ろうとして下がる

一足一刀の間合いよりも詰めた距離を保って詰める

2と3を繰り返しながら、少しずつ相手を場外際に追い込む

こちらが一本を取らなければいけない状況、つまり相手にしてみれば、一本を取られるリスクを低くしたい状況では、相手は打たれることを嫌がるのは前項P54で解説した。この相手の心理を利用し、相手を下がらせて場外を背にするまで追い込めれば、相手はそれ以上下がることができないため、優位に試合を進められるようになる。相手を下がらせるには、間合いを詰め、相手がその間合いを嫌がり切ろうとするところで、再度、詰めて行くといい。間を詰めるのが早すぎると、出ばな技で打たれたり、逆に遅すぎると相手が下がったあと心に余裕ができてしまうため、再度詰めていくのが難しくなる。剣先が離れないようなタイミングで詰めていければ、プレッシャーをかけやすくなる。

注意点

間合いを詰めすぎると出ばな技で打たれる

相手を下がらせるには、遠すぎず近すぎずの距離とタイミングが重要だ。せっかく間合いを詰めても、下がった相手についていけず間合いを作られてしまうと、相手の心に余裕が生まれるため、次に追い込むのが難しくなる。タイミングが早すぎてさらに近い間合いになってしまうと、出ばな技で打たれるリスクが高くなるからだ。最適な距離とタイミングは、剣先が相手の剣先と離れない程度。この状態を保てれば、相手にとっては常にプレッシャーがかかる状態にさせることができるので、逃がさずに場外際まで追い込むことが可能となる。

間合いを詰めすぎると

出ばな技で打たれるリスクが高くなる

アドバイス

相手の左足の踵の状態を確認しておく

相手を徐々に追い詰めていく過程で、特に左足の踵を床に着けているのか、あるいは着けないで下がっているのかを確認しておこう。踵が床に着いているようであれば、仮に相手が打ってきても距離を出すことはできないが、踵が浮いているようであれば、距離が出る可能性があるので、相手にとってはより応じ技が出しやすい状態と言えるからだ。この確認ができているのといないのでは、応じ技を打ってこられたときの対応に大きな差が生まれてしまうどころか、不利な状態ばかりを自分から作ってしまうことになりかねない。

左足の踵が床に着いていれば、打ってこられても距離は出ない

左足の踵が床から浮いていれば、打ってこられたとき距離が出せる

場外を背にさせて、その状態を保持する

1

相手が場外を背にする状態が作れたら

2

一気に間合いを詰めず、少しずつ間合いを詰めていき

3

詰めすぎない間合いを保持する

前項Ｐ56では、相手を下がらせて場外際に追い込む方法を解説した。この方法を用いて、あるいは試合展開の中で相手が場外を背にするような場面になったとき、特にこちらが一本を取らなければいけない状況であれば、相手にはそのまま場外を背にした状態で攻め続けられるのが理想だ。そのためには、追い込むとき同様、詰めすぎてしまうと出ばな技で打たれる可能性があるので、間合いを少しずつ詰めていき、詰めすぎない間合いを保持しておくことが望ましい。また、このときも相手の左足の踵の状態に注意を払い、床に着いていれば距離は出ないが、離れているようであれば距離が出るので、相手の能力や状況に応じてもう少し詰めた方がいいのか、詰めない方がいいのかなど、間合いの取り方が変わってくる。

アドバイス

狙われている場合もある

相手を場外際に追い詰め、場外を背にした状態で攻めることができたとしても、油断は禁物。前項P57でも触れたが、相手はこちらの出ばなを狙っている可能性があるからだ。有利だからといって、安易に間を詰めすぎてしまうと、その瞬間に打たれることもあるので、注意しておこう。相手の状態をよく見て、打てる体勢（足）ができているのかいないのか、引き込もうとしているのかいないのかなど、常に意識しておこう。詰める場合でも、相手が狙っている可能性があることを念頭に、こちらも対応する準備をしておきたい。

安易に間を詰めてしまうと

相手に打たれることもある

さらに相手の左足の踵の状態を確認し

左足の踵が床に着いていれば距離は出ない。離れていると距離が出る

間合いの取り方を変える

相手の手元を開かせる攻め

一本を取らなければいけない状況、つまり相手にしてみれば、一本を取られるリスクを低くしたい状況で近間に入って攻めると、相手は打たれることを嫌がり、こちらの打突を避けようとするものだ。また、間合いが近いため、より素早く反応しなければいけないという心理も生まれ、条件反射のごとく反応する。その心理を突いて相手の手元を開かせるための戦術を解説していく。相手の手元を開かせる方法は大きく3つ。ひとつ目は瞬時に竹刀を担ぐこと。相手から見れば、こちらの竹刀が右に移動するため小手に見え、こちらの竹刀の動きに合わせて剣先を右に開く。ふたつ目は竹刀を素早く下から裏に回すこと。これも相手は小手を警戒するため、こちらの動きに合わせて剣先を右に開く。もうひとつは、通常の払いより強く、打ち落とすくらいの強い払いで相手の竹刀を開かせる。これらの方法で相手の手元を開かせることができれば、そのまま面に行ったり、相手の反応に応じて打ちに行くことができる。

● 竹刀を担いで手元を開かせる

近間に攻め入る

瞬時に竹刀を担ぎ、手元を開かせる

ワンポイント

後ろに捌くより前に詰めて間合いを潰す

近間に入って攻め入る場合、間合いが近い分だけ、当然リスクも高くなる。相手が打ってくるようであれば、仮に後ろに捌いたとしても届いてしまう距離まで詰めているということは、明確に意識しておこう。そこで、危険を冒してでも一本を取りに行きたい場合で、近間まで入るときは、もし相手が打ってくるようであれば、あえて前に詰めて間合いを潰してしまう方がいい。

● 強く払って手元を開かせる

近間に攻め入る

打ち落とすくらいの強さで竹刀を払って手元を開かせる

相手の竹刀を開かせたら、すぐに中心を取る

● 下から裏に回して手元を開かせる

近間に攻め入る

素早く竹刀を下から裏に回す

相手が竹刀を開いたら、すぐに中心を取る

相手の手元を上げさせる攻め

前項P60では、一本を取らなければいけない状況での、相手の手元を開かせる戦術を解説した。ここでは、同様の状況から手元を上げさせるための戦術を解説していく。相手の手元を上げさせるためには、相手に面を意識させたいところ。そこで、近間に攻め入って中心を取った状況から、瞬時に竹刀を立てて、竹刀を大きく見せるのが効果的だ。面に行くと見せかけるというよりは、瞬時に竹刀を立てて長さを見せることで、瞬間的に恐怖心を与え、条件反射的に面を隠そうとして手元を上げさせる、というイメージだ。これで相手が手元を上げるようであれば、小手や胴はもちろん、右の斜面も空くはずなので、状況に応じて打ち分けるといい。

ワンポイント

相手の左目の方向に竹刀を立てる

竹刀を立てる場合、構えた状態から真っすぐに立てるのではなく、剣先をやや右に向け、相手の左目に向かって竹刀を立てるイメージを持っておこう。人間は危険から近い方の腕で避けようとする本能を持っている。剣道では右手が前にあるため、自然と右手で左側を隠そうとするものだ。右手で左側を隠そうとすると、右胴、右小手に加え右の斜面も空くことになる。もし真っすぐに竹刀を立てたのであれば、左側を隠す動きを伴わなくなるため、打突できる部位が少なくなってしまう。

左を隠す動きを伴った相手の体勢

左を隠す動きを伴わない相手の体勢

1 中心を取って相手を攻める

2 近間に攻め入る

3 瞬時に竹刀を立てて大きく見せる

4 相手の反応を見て技を出す

相手の手元を下げさせる攻め

前項P62では、一本を取らなければいけない状況での、相手の手元を上げさせる戦術を解説したが、ここでは、逆に手元を下げさせるための戦術を解説していく。近い間合いで攻め入った場合、距離が近くなるため、相手が条件反射的な動きをすることは、前項でも解説した。そこで、相手の手元を下げさせるため、あえて相手の竹刀に触れることなく、瞬時に自分の剣先を下げよう。相手の竹刀に触れながら下げたのでは、相手は竹刀の動きが予測できてしまうが、触れずに唐突に下げることで、条件反射的に剣先を下げさせ、それに加え、相手に考えさせることもできる。ただし、近い間合いで攻めることは、非常にリスクを伴うものだが、さらにその状態から自分の剣先を下げるというのは、より一層のリスクを伴うものだということも忘れずにいてほしい。

注意点

剣先を下げるとき目線を下げない

相手の下を攻めようとして、こちらの剣先を下げるとき、竹刀の操作に合わせて目線も一緒に下げてしまう選手を見かけることがある。ここでは間合いを詰めて攻めている状態なので、目線を下げてしまうと、その瞬間、面に来られる可能性が高くなる。剣先を下げるときでも、常に相手から視線を逸らさないよう注意しておこう。

最初は相手を見ていても

剣先を下げるとき、一緒に目線も下げてしまうと危険

1
中心を取って相手を攻める

2
近間に攻め入る

3
相手の竹刀に触れることなく、瞬時に剣先を下げる

4
相手の反応を見て技を出す

通常の技と大技は使い分けてこそ変化に見える

Ｐ60、Ｐ62、Ｐ64では、相手の竹刀を開かせる、上げさせる、下げさせるための戦術を解説した。竹刀を担いだり立てたり、剣先を下げたりしてからの打突は大技と言っていいが、近間という状況が状況だけに、非常にリスクを伴っている。

その代わり、相手にとっても大きな脅威となり、非常に効果を発揮するわけだが、何度も何度も同じ技を使っていると、脅威が脅威ではなくなってしまい、それそのものが普通の技として映ってしまうものだ。これらの大技は、使い時を見極め、ここぞの場面で使って相手を崩し、一本につなげよう。仮に一本が取れなかったとしても、相手にとっては十分に脅威になっている。また、大技を見せておくことで、通常の攻めとの使い分けが効果的になってくる。

● ここぞの場面での大技は効果を発揮する

1

相手に攻め勝って中心を取る

2

瞬時に竹刀を担ぎ、意表を突く

3

ここでは竹刀を担いでから面を打っている

● 大技を見せておくと、通常の技が変化に見える

一度、大技を見せて意表を突いておくと

大技ではない通常の技が

逆に変化（ここでは突き）に見えて意表を突ける

● 何度も使うと普通の技と映ってしまう

何度も同じ大技を狙うと

竹刀を担いでも相手は意表を突かれない

ここでは担いだ瞬間を狙われ小手を打たれている

アドバイス

人間の目の錯覚を利用する

たとえば相手が担ぎ面を打ってきたとする。最初は変化され虚を突かれるかもしれないが、何度も担ぎ面を打ってくるようであれば、虚を突かれることはなくなり、それが相手にとっての『通常の』面であるという認識になってしまう。さらに言えば、担ぎ面が『通常の』面だという認識になった場合に、通常の面を打ってこられると、そちらの方が虚を突かれることになる。

　つまり、変化は何度も変化させていると変化ではなくなるということ。『変化』とは、変化することではなく、『通常と違う』ことそのものが変化であるということだ。人間の目というのは、動きに慣れる。通常の面が通常に映っていると、変化したときに虚を突かれる。逆に常に変化していると、その動きに慣れてしまい、変化することが通常に見え、変化しないことが変化に見えてしまうわけだ。この人間の特性を意識して、戦略や攻め方を考えてみるといい。

常に相手には場外に背を向けさせておく

● 相手が直線の前で場外を背にしている場合

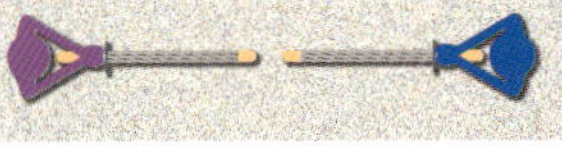

Ｐ58では、場外を背にした相手には、その状態を保持する方法を解説したが、相手は当然、場外を背にした状態というのは回避したいと思うものだ。そのため、円運動を用いて左右に動き、試合場の線から離れ、中央に戻ろうとする。このようなときは、相手の動きに合わせて回って追うのではなく、小刻みな足捌きで切り込みながら動き、相手が常に場外に背を向けざるを得ない状態を作ることが望ましい。もし相手が試合場の角にいるのであれば、直線的な動きで左右に移動すれば、相手は回り込むことができないので、常に場外を背にした状態を保つことができる。

場外を背にした相手は

円運動を用いて左右に動き中央に戻ろうとする

小刻みな足捌きで切り込みながら動き

常に場外に背を向けざるを得ない状況にする

● 相手が試合場の角で場外を背にしている場合

試合場の角で場外を背にした相手が

円運動を用いて左右に動き中央に戻ろうとしても

直線的な動きで左右に移動すれば

常に場外に背を向けざるを得ない状況にする

アドバイス

足捌きだけでなく、竹刀でも相手を押さえておく

相手が動く方向、たとえば自分から見て左側に動こうとしているようであれば、竹刀を裏に移動させれば、竹刀捌きでも相手に圧迫感を与えることができる。同時に、左に動いて竹刀を左に動かすことになるため、小手が近くなり、より相手に圧迫感を与えられるという効果も生まれる。

竹刀でも相手を押さえて圧迫感を与えておく

あえて隙を見せ、返し技、応じ技で一本を狙う

こちらがどうしても一本を取りに行きたい状況、相手にしてみれば絶対に一本取られたくない状況で、場外を背にさせたとき、相手は一刻も早くその状況から抜け出し、間合いを取りたいと思っているはずだ。つまり、状況を好転させたいと焦っている状況と言える。そこで、この心理を逆手に取り、あえて中心を外したり、半歩下がるなどして隙を見せ、わざと相手に打ってこさせる、というのもひとつの戦略だ。相手からすれば、圧迫感の中、不意に訪れた絶好のチャンスと映るはずで、仮に一本にならなかったとしても、場外際から離れられると考えるからだ。相手が打ってくる状況をあえて作り出し、出ばな技、あるいは応じ技で一本を狙うといい。

アドバイス

自分が前に出ない技を選択する

相手を場外を背にさせた状態から、わざと隙を見せて打ってこさせる場合、こちらの選択する技は、自分が前に出ない技であることが好ましい。自分が前に出る技を選択してしまうと、一本にならなかったとき、場外に出てしまうからだ。そこで、相手に場外を背にさせて攻めが効いていると判断した場合は、出ばな、あるいは応じて小手か面を選択しよう。竹刀を開いて面を見せてもいいし、写真のように手元を上げて小手を見せてもいい。

相手を攻めている状態から

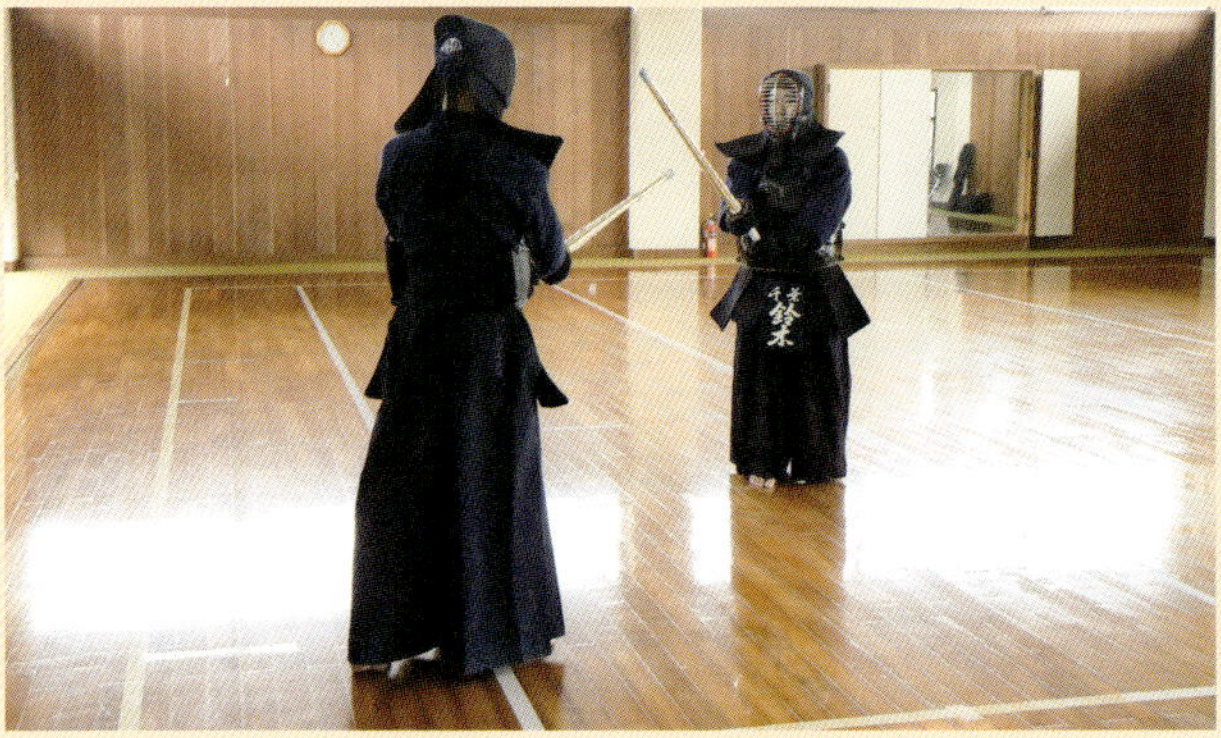

不意に手元を上げて小手を見せる

1

相手が場外を背にした
状態から

2

わざと隙を見せる。
ここでは中心を外し
面を見せている

3

相手が面に来るところで
出ばな技、応じ技で
一本を狙う

4

ここでは出ばなに返し面を打っている

試合場の角を背にしておくと、後方の距離が長くなる

こちらが一本を取りにいかなければならない状況に限ったことではないが、試合を進める上で、自分が場外を背にするのは、なるべく避けたいところだ。同様の発想で、なるべくなら試合場の直線方向ではなく、角に背を向けるような体の向きで試合を進めたい。直線方向に背を向けているよりも、角に背を向けた方が、後方の場外までの距離が長くなるからだ。特に体の小さい選手が大きい選手と試合をする場合、体当たりされて飛ばされてしまうこともある。このようなときに、場外までの距離が長いほど、出てしまうリスクを軽減できる。もちろん、このことばかりを意識して試合を進める必要はないが、頭の隅にでも入れておくと、いざというときに役立つこともある。

● 角に背を向けた方が、後方の距離が保てる

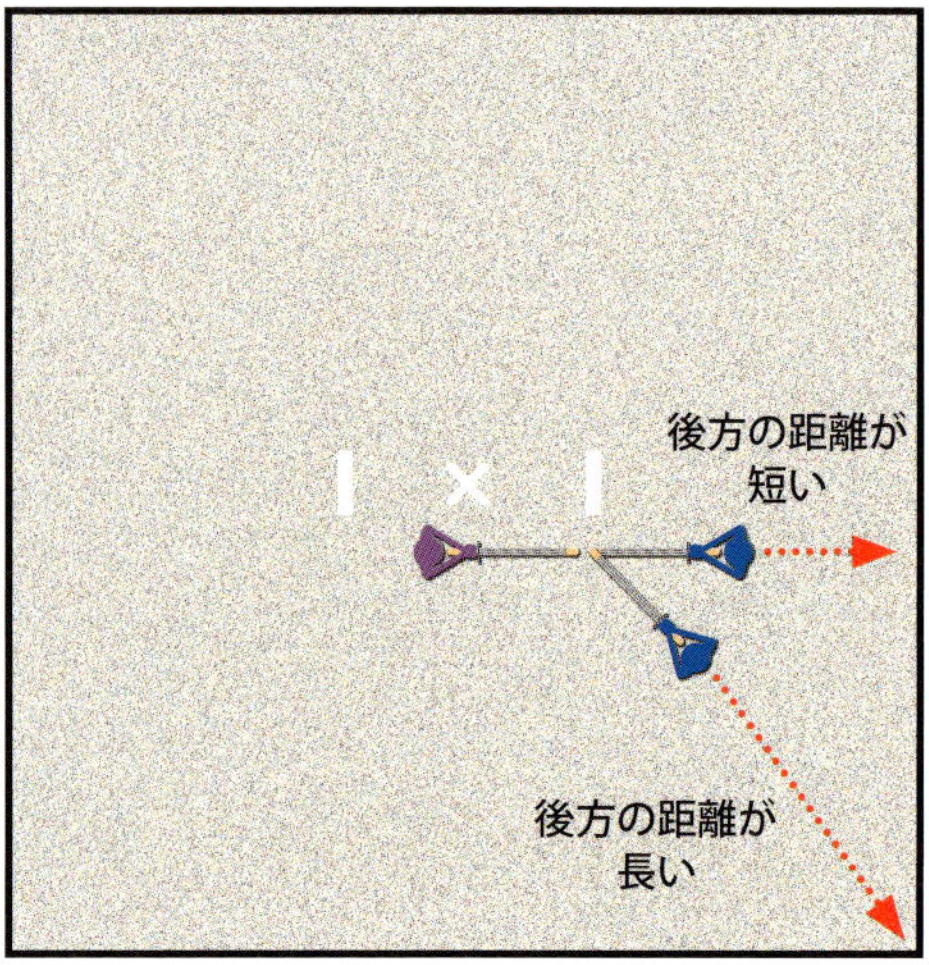

ワンポイント 中心を背にすると、なおいい

ここでは対角線を使った方が、後方の距離が取れるため有利になることを解説した。さらに言うなら、中心を背にすれば、さらに後方の距離が保てるだけでなく、相手の後方の距離を短くすることもできる。この状態で試合を進められれば、より技の選択肢が広がる。ただし、試合中、あまりにもこのことを意識しすぎてしまうのもよくない。「絶対」ではなく「可能なら」というくらいで実践してみよう。

中心を背にすれば、相手の後方は距離が短くなる

直線方向に背を向けている場合

たとえば直線方向に背を向けた状態で引き技を打った場合

場外に出てしまう、あるいは出なかったとしても場外を背にしてしまう

角に背を向けている場合

たとえば角に背を向けた状態で引き技を打った場合

場外まではまだ余裕がある

得意技を見せ、別の技で勝負すれば相手の動揺を誘える

自分が負けていて残り時間が刻々と減っていく。そのように追い込まれれば追い込まれるほど、人は自分の得意技に頼ろうとするものだ。追い込まれた状態で、得意としていない技で一本を取ろうと考える人は多くない。相手がこちらの得意技を知らなければいいが、たとえば何度も対戦経験があると、相手もこちらの得意技を知っている確率は高いので、その得意技を出してくる瞬間を狙われる可能性が非常に高くなる。そこで、このような相手と同様の状況になった場合は、冷静さを保ち、わざと相手が狙っている「こちらの得意技」を見せ、裏の技や別の技で勝負するといい。仮にそれが一本にならなくても、相手は動揺し心に迷いを生じさせるはずだ。

● 追い込まれたとき、得意技で打ちに行った場合

1

たとえば得意の面で打ちに行こうとする

2

相手も面で打ってくる瞬間を狙っている

3

打ちに行く瞬間を狙われる

4

ここでは面を返され、胴を打たれている

● 得意技ではない技で打ちに行った場合

こちらの面を打つ瞬間を狙っている相手に対し

1

2

別の場所を打ちにいく。ここでは小手を打っている

3

一本にならなかったとしても

4

迷いを生じさせることができる

試合前に床の滑り具合や状態を確認する

P52で紹介した試合場の広さと併せて確認しておきたいのが、床の滑り具合や状態だ。床については、明確な規定や数値などの基準があるわけではないので、滑り具合なども含め、場所ごとにまったく違う。剣道は足捌きが大きな要素のひとつなので、床の滑り具合が普段使用している場所と似ているのと、まったく違うのでは大きな差だ。その差を事前に知ることができれば、対策の施しようもあるだろうが、そこに意識がなければ、試合になってはじめて、普段の床の状態との違いに焦り、実力を発揮できないまま試合を終えてしまう、ということにもなりかねない。

❶ 床の滑り具合を確認する

実際に試合場に立ち、素足で歩いてみるなどして、滑り具合を確かめておこう。普段使用している場所と比較してみて、より滑るのか、逆に滑らないのかを判断し、それによってどう対処すればいいのか、試合前に対策を練っておくことができる。

❷ 経験のある場所でも、当日の環境によって変わる

以前、使用したことのある場所であったとしても、ニスの塗り直しなどが行われている可能性もある。また、そのような工事が行われていなかったとしても、当日の季節や天候など、環境によって状態は変化するので、記憶との整合性なども含め、あらためて確認しておこう。

第三章

相手が攻めてこなければいけない状況での戦略

個人戦で一本を先取した場合や、団体戦で自分たちが勝っている状態で迎える試合など、相手が一本を取りに来なければいけない状況。このような場合の考え方や攻め方などを解説していく。

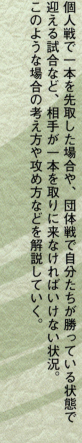

通常の間合いよりも遠い間合いをなるべく保っておく

個人戦で自分が先に一本を取っている場合、あるいは団体戦において、勝っている状態で試合に臨む場合で、自分が負けなければ優位に進められるような状況においては、相手からすればリスクを冒してでも攻めなければいけない状況と言える。このようなときは、いつもより遠い間合いで試合を進めた方が有利だ。開始線から立ち上がり、立ち合ったままの間合いであれば、お互い届かない間合いとなるため、仮に相手が入ってきても、落ち着いて対処できるし、隙が見えやすいので、その隙を突くこともできる。

ただし、間合いが遠いからといって安心してしまってはいけない。相手は遠い間合いから一気に入ってくることがあるため、常に打てる準備をし、強引に打ちにくるようであれば返し技や出ばな技で応じ、一本を取ってしまえばいい。

● なるべく遠い間合いのまま試合を進める

1 開始線から試合が始まったら、その間合いをなるべく長く保つ

2 相手は間合いを詰めてこようとする

3 足捌きを使い、なるべく遠い間合いを保つ

4 常に遠い間合いで試合を進められるわけでないが

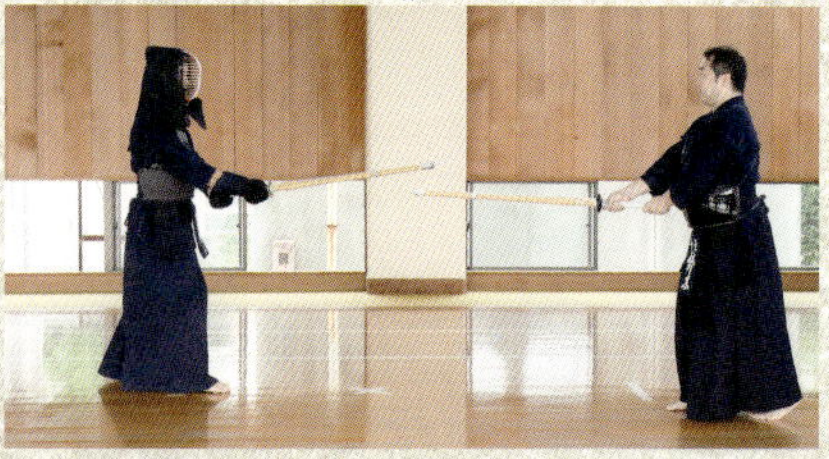

5 一試合をトータルで考えたとき、遠い間合いで進める時間が多くなるようにする

● 相手が強引に打ってくるようであれば、出ばな技、返し技で応じる

1 遠い間合いのまま試合を進める

2 相手が遠い間合いのまま強引に打ちに来るようであれば

3 隙が見やすくなるので、出ばな技、返し技で応じる

4 ここでは相手の面に応じて

5 返し胴を打っている

アドバイス

常に攻める気持ちは持っておく

自分が先に一本を取っているなどして、リスクを冒してでも攻めに転じる必要がない場合であっても、心の中では常に攻める気持ちは持っておこう。行動として前に出ないだけであって、攻める気持ちを持っていないと、相手が間合いを詰めてくることに対して、下がってばかりになってしまう。これでは場外を背にしてしまう可能性が高くなるばかりか、技を出されても受けるだけになってしまう。攻める気持ちを持っていることで、下がってばかりではなく、また相手が打ってきたとき、出ばな技や返し技が出せるようになるものだ。

攻める気持ちで重心を中心に保ち、常に対応できる準備をしておく

中心に向かうよう回り込んで場外を背にしない

● 自分が中心に向かうよう、足捌きで円を描くように回り込む

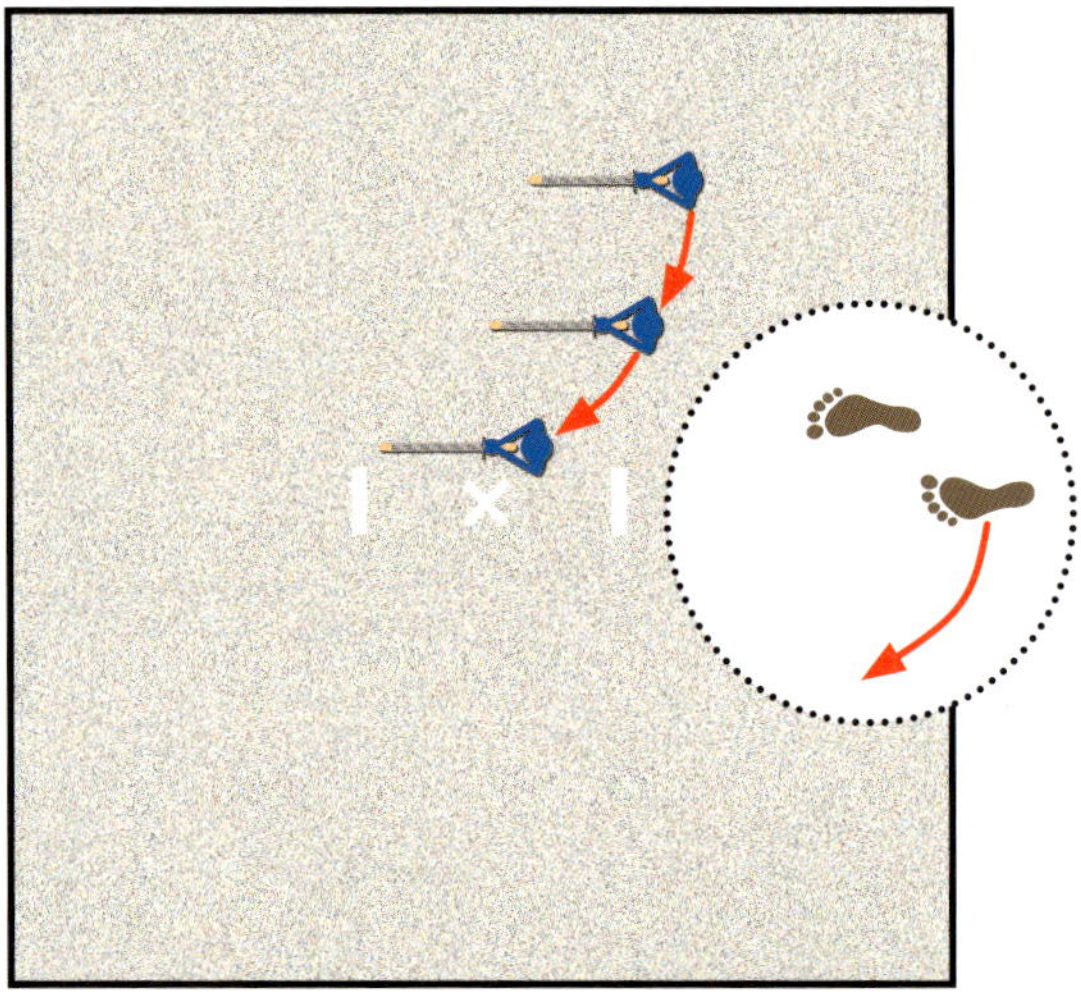

自分が中心から外れている場合は

足捌きで円を描くように回り込みながら

相手が攻めてこなければいけない状況ということは、裏を返せばこちらが有利な状況で、精神的な余裕がある状態と言っていいだろう。それならば、自ら苦しくなってしまうような状況は、なるべく作りたくない。そこで、自分が場外を背にしてしまうような位置にならないよう、場所取りを意識しておく必要がある。せっかく優位に試合を進めていても、自ら身動きが取れなくなるような状況にしてしまっては、苦しい立場に陥ってしまうだけだ。そのため、足捌きで円を描くように回り込み、常に自分が中心に位置する、あるいは中心に向かって進んでいくような動きをしておくことが重要だ。

中心に戻るよう、徐々に位置を修正していく

中心に戻ったら、なるべくその場で試合を進めるよう意識しておく

場外を背にしてしまっても、徐々に中心に戻ればいい

アドバイス

絶対ではなく、なるべくでいい

ここでは場外を背にしない方が、試合を優位に進められることを解説した。だからと言って「絶対に」とは思わないでほしい。「なるべく」という程度で頭の隅に入れておき、仮に場外を背にしてしまうような状況になったとしても、強引に戻ろうとせず、相手に対応しながら徐々に中心に戻るよう心がけておくことが重要だ。「絶対」と思ってしまい、無理に戻ろうとすると、その隙を相手に狙われてしまう。

虚を突いてくることを頭に入れ冷静に対処する

1

相手に間合いを詰められ

2

急に竹刀を担いだり剣先を下げられたりしても

3

動揺することなく冷静に対処することが重要

攻めなければいけない状況にある場合の相手は、P60、P62、P64で解説したように、虚を突く技を出してくることがある。攻める側の視点で考えれば、意表を突いて相手を動揺させたり、条件反射的に手元を動かせたりして、打突できる状況を作り出したいわけだが、裏を返せば、受ける側はそのような隙を見せてはいけない、ということになる。自分が優位に試合を進めている状況であることを考えれば、冷静に試合を進め、虚を突かれるのではなく、相手の打突を返したり捌いたりして対処しながら、逆に打突の好機をうかがう気持ちでいることが重要だ。また、こちらが虚を突く必要もなく、ましてや無理な打突や隙が多くなる大技などを出す必要もない。

相手の打突を返したり
捌いたりして対処し

打突の好機をうかがっておく

アドバイス

打てる状態は、常に作っておく

相手が攻めなければいけない状態では、こちらが無理に打ちにいく必要はないが、だからといって、相手の打突に対して返したり捌いたりに終始していると、せっかく打突の好機が訪れたとしても、打ちにいくことができなくなってしまう。返したり捌いたりしている中でも、常に打てる状態は作っておき、訪れた好機には、その瞬間を逃さないようにしておこう。

▶捌いたりしていても、打てる状態は作っておく

相手が得意技に頼ろうとする心理を利用する

1

相手が得意な技を出させるように仕向ける。ここではわざと面を見せている

2

相手が面に来たら

3

冷静に対処し、ここでは相手の出ばなに小手を打っている

自らが攻めなければいけない状況になった相手は、得てして得意技を打ってくることが多い。自分に置き換えて考えてみても、追い込まれれば追い込まれるほど、自分の得意技に頼ろうとするのではないだろうか。過去に対戦したことのある相手や、試合会場で何試合も見ているなど、相手の得意技が分かっているのであれば、得意技に頼ろうとする心理を利用するといい。具体的には、たとえば面が得意な相手であれば、あえて面を見せたり、面を出してくる状況を作ることで、面を打ってこさせることができる。こちらにしてみれば、わざと技を出させているので、冷静にその技に対処したり、応じ技で一本を取ることが可能となる。

ワンポイント

遠い間合いから一気に詰める技

相手が攻めてこなければいけない状況であれば、仮に間合いが遠かったとしても、一気に間合いを詰められる技で打ってくる可能性は十分にある。面であれば担ぎ面、胴であれば逆胴、突きであれば片手突きが、その代表例と言える。もし相手が面を得意としているのであれば、このような状況では担ぎ面を打ってくることが想定される。それらを頭に入れ、動揺することなく冷静に対処することが重要だ。

1 竹刀を担いで時間的な間を作り

2 面に来ることがある

3 三所隠しで対処してしまうと、逆胴を打たれることもある

4 片手突きなら諸手突きよりも距離が出せるので、遠間からでも届く

間合いが遠くても安心は禁物、攻める気持ちで重心を前に乗せておく

相手が攻めてこなければいけない状況にも関わらず、攻め入ってくることなく遠い間合いが保てていたとしても、油断や安心は禁物だ。遠い間合いを取っているのは、自分が休むためではなく、ましてや逃げるためではない。リスクを避けつつ相手の隙を探すための距離感であると心得ておこう。相手が攻めてこなければいけない状況であることは変わらないので、いつ飛び込んできたり、一気に間を詰めにくるか分からない。したがって、足も気持ちも含め、攻める姿勢を保ち、相手に「行きにくい」と思わせることが重要だ。そう思わせられれば、リスクを減らせるだけでなく、相手にとっては時間が無駄に過ぎていく状況を作り出すことにもつながる。

● 攻める姿勢がなく、逃げていると思われてしまう構え

重心が後ろにあり、攻める姿勢が見えない

● 攻める姿勢を見せ、常に技が出せると思わせられる構え

重心が前に乗り、常に技が出せると思わせる威圧感が感じられる

アドバイス

攻めは最大の防御

攻めの姿勢を見せて構えていると、相手にとっては出ばな技で打たれる準備が整っていると思わせることもできる。そう思わせることができれば、迂闊に打ちに行けないと思うと同時に、なかなか攻めに転じることができず、焦りなどから攻めそのものを雑にさせることも可能だ。雑に打ってくるようであれば、その瞬間を逃さずに出ばな技、あるいは返し技、抜き技などで一本を取ることが、より容易になる。

1 相手が雑に打ってきたら

2 冷静に対処し

3 ここでは出ばなを狙って

4 面を打っている

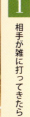

大きく強引に入ってきたら出ばな技、抜き技

遠い間合いで試合を進める

遠い間合いから相手が強引に入ってくる場合

移動距離が大きいため、受けたり捌いたりするのが比較的容易になる

相手が攻めなければいけない状況であれば、相手は遠い間合いで時間が経過するのを嫌い、強引に一気に間を詰めようとする場合がある。そのためには、相手は大きく入ってくる必要が生じるが、この「大きく」という動きは、当然、相手の体が移動する距離が大きくなるだけでなく、床を蹴って離れた足が着地するまでの時間も大きくなるということだ。つまり、この状況から相手が打ってきたとしても、受けやすかったり捌きやすくなる。同時に、左足が動いていて床に着いていない状況では、相手は何もできないので、この瞬間に隙が生じることになるため、打突のチャンスも生まれる。その相手の動きを捉えて常に一本を狙うというのは難しいが、受けたり捌いたりしながらチャンスをうかがい、抜き技や出ばな技で狙うと効果的だ。

隙が見えたら

逃さず抜き技で一本を狙う

ワンポイント

見えた隙は逃さない

遠い間合いから大きく入ってくるからといって、常に隙が見えて一本が狙えるとは限らない。焦って一本を取らなければいけない状況でもないので、まずは受けたり捌いたりして、落ち着いて対処しよう。

そうしているうちに、技の軌道やタイミングを計り、隙を狙って一本が取れればいい。仮に一本にならなかったとしても、相手にプレッシャーを与えるには十分。以降、安易に飛び込めないと思わせる効果も期待でき、遠い間合いのまま試合を進められる時間も長くなる。

まずは落ち着いて対処し

隙が見えたら、そのチャンスは逃さずに打つ

遠い間合いから強引に来るなら余し技で打つ

前項Ｐ88では、遠い間合いから相手が強引に間を詰めてくる場合の対処法を解説した。ここでは、遠い間合いから強引に打ってくる相手への対処法を解説する。

遠い間合いから打とうとする場合、距離があるため、どうしても担ぎなどの大技で狙ってくることが多くなる。前項でも解説したとおり、距離があるため返したり捌くことは比較的容易にできるが、隙があるなら一本を取りたいところ。そこで、打ちに行くのであれば、距離があることと大技であることを利用し、余し技で一本を狙うといい。

1

遠い間合いで試合を進める

2

遠い間合いから相手が大技で打ってくる場合

3

移動距離が大きいため、足捌きと体捌きで相手に空振りさせる

相手の体が伸びきったところで

4

上半身と下半身を合わせて打つ。ここでは相手の面を余して面を打っている

5

ワンポイント

相手の竹刀の下に入るより安全な余し技

出ばな技や返し技は、距離的には十分届いている。つまり、たとえば返しに失敗すると、相手の竹刀の下に自分がいることになるため、一本取られることに直結してしまうわけだ。その点、余し技であれば、自分の体が相手の竹刀の下にはなく、届いていない状態になるため、危険性が低くなるというメリットがある。出ばな技、返し技、抜き技と併用して、使い分けながら試合を進めていくことが重要だ。

相手の面を抜いて

面抜き面なども併用する

鍔迫り合いでは相手が早く離れたがって隙ができるので、引き技が効果的

遠い間合いで試合を進めていても、相手が強引に打ってくるなどして、鍔迫り合いになることは、当然ありうる。自分が追い込まれていて一本を取り返さなければいけない状況であれば、なるべく早く鍔迫り合いを終わらせて離れたいと思うのではないだろうか。相手も当然ながら、早く離れたがるものだ。しかし、「早く」と焦るところに隙が生じる。この隙を捉えない手はないので、鍔迫り合いからの離れ際は打突の好機だと心得ておこう。当然、離れ際なので引き技が効果的になるわけだが、具体的な打突方法は5章P122で詳しく解説しているので、そちらを参考にしてほしい。

● 遠い間合いから相手が打ってくるなどして

1

鍔迫り合いになる

2

相手は早く離れたがり、焦る

3

腕を伸ばして体を離そうとする

その隙を逃さず引き技で打突する

注意点

自分の腕が伸びたら打てない

鍔迫り合いから相手が離れようとするとき、相手と同じように自分も腕を伸ばしてしまうと、引き技が打てなくなってしまう。それは、下の写真を見れば分かるとおりだ。上の写真は相手だけが腕を伸ばした状態。こちらは腕が曲がっているので、離れ際に引き技を出すことが可能だ。対して下の写真はこちらも腕が伸びてしまっている。これでは離れ際に打とうとすると、肘を曲げてから竹刀を振り上げるという動作が加わってしまうため、打てなくなってしまう。

▶腕が伸びていなければ技が出せる

▶腕が伸びてしまうと技が出せない

相手の呼吸や気持ちが乱れる一瞬の間を逃さず打つ

一本を取らなければいけない状況の相手は、連続の一本打ちや細かな連続技などで、強引にでも一本を狙ってくるものだ。このようなとき、返したり捌いたりして対処し、技が尽きた瞬間や鍔迫り合いになった瞬間、相手は呼吸と心を乱しやすい状態となり、整えようと呼吸をするものだ。この息を吸う瞬間というのは、動くことができず一瞬の隙を生じさせることになるため、その瞬間を逃さず打てば、比較的リスクを伴わずに一本を狙うことが可能だ。試合に集中し相手と合気になっていれば、相手の呼吸は分かるもの。冷静かつ集中して相手と気持ちを合わせ、一瞬の隙を見逃さないようにしておこう。

● 相手の技が尽きた瞬間を狙う

1

強引に打ってくる相手に冷静に対処する

2

技が尽きる瞬間を見極める

3

技が尽きて息を吸う一瞬の間が生まれた瞬間

4

その隙を逃さず打つ。ここでは小手を打っている

● 連続技で打ってきた相手と鍔迫り合いになった瞬間を狙う

連続技を打ってくる相手に冷静に対処する

鍔迫り合いになる瞬間を待つ

鍔迫り合いになり息を吸う一瞬の間が生まれた瞬間

その隙を逃さず打つ。ここでは引き面を打っている

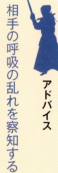

アドバイス

相手の呼吸の乱れを察知する

それまで相手が連続技などで打っている回数が多ければ多いほど、当然、呼吸は乱れる。そうなると、決して油断するわけではないが、鍔迫り合いになった瞬間、呼吸を整えようと息を吸う瞬間が必ず訪れる。こちらとしても、鍔迫り合いになったからといって、一瞬気を緩めたりするのではなく、集中力を継続させ、冷静に相手との気持ちを合わせて、瞬間的にできる隙を見逃さないようにしよう。

先に一本取っても開始線に戻るまでに心を立て直す

ここまでは、攻めてこなければいけない相手に対する戦略を解説してきたが、一方で、自分が先に一本を取ったことで、相手ではなく、自分自身の中で迷いが生じてしまう状況というのも考えられる。具体例を挙げるなら、試合の残り時間が少ない状況で一本先取すると、残り時間をどう使うか迷ってしまう場合などだ。攻める姿勢を持ち続け、もう一本を狙いに行くのか、あるいは時間が経過するのを待つ、という選択をする場合もあるだろう。いずれにしても、迷うのが一番やってはいけないこと。開始線に戻るまでの時間を利用して、相手の気持ちに置き換えて考えてみると、残り時間の戦略を決定する足がかりになる。相手が何を考え、どう出てくるのかなどを考え、自分の心と戦略を立て直そう。

● 心と戦略を立て直し、試合を再開させる

一本先取したら、開始線に戻るまでの時間を利用して、心と戦略を立て直す

試合が再開されたら、立てた戦略に則って迷うことなく試合を進める

追い込まれた相手の急な攻めにも慌てず対処する

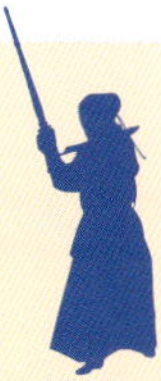

アドバイス

普段から心と戦略を立て直す訓練をしておく

言葉や文章で説明されると、頭ではなるほどと分かった気になっても、実際に試合になったとき、同様の状況で咄嗟に心と戦略を立て直せるとは限らない。試合中は普段生活しているような冷静でいられるような状況ではないし、開始線に戻るまでの時間は、ほんのわずかだからだ。

そのため、練習や稽古、実際の試合なども含め、普段から気持ちを整理し、心と戦略を立て直す癖をつけておくといい。もちろん、先取したときに限らず、自分が一本を先に取られてしまった場合などでも、心を立て直し、戦略を練り直すことは非常に大切だ。なにより、心に迷いを生じさせたまま試合を再開させることがなくなるだけでも、大きな進歩となることは間違いない。

● 迷ったままで試合を再開させると相手の攻めに慌ててしまう

一本先取しても、心と戦略の立て直しができないまま試合を再開すると

迷ったまま試合を進めることになる

心の迷いは相手の急な攻めなどに慌ててしまい、状況が悪化する

試合で対戦する相手の研究をしておく

高段者になればなるほど、相手の情報はインターネットなどを通じて収集しやすくなる。試合が決まり、対戦相手が分かるようであれば、できる限り相手の情報を収集し、癖や得意技、弱点などを研究しておきたい。仮に事前の情報収集が難しかったとしても、試合当日、会場入りしてから相手の練習を見たり、対戦前に他者との試合が見られるようであれば、そこで得られる情報も貴重なものとなる。

そこで、研究しておきたい要素を整理しておこう。

❶ 対戦相手の得意技

過去の対戦成績などから、どの技でより多く一本を取っているか確認する。もちろん、多いからといって、必ずしも得意技であるとは限らないが、その技で一本を多く取っている事実は変わらないので、参考情報として頭の隅に入れておきたい。

❷ 取られている技

次に見ておきたいのは、逆にどの技で一本をより多く取られているか。つまり、相手の弱点だ。もちろん、こちらも、多く取られているから必ず弱点かというと、必ずしもそうとは限らない。得意技同様、頭の隅に参考情報として入れておこう。

❸ 相手の癖

本書の中でも随所で指摘しているが、この「相手の癖」を知ることが一番重要だ。分かりやすい癖であればいいが、場合によっては見つけにくい、非常に小さな癖があるかもしれない。それらを見抜くことができれば、事前に対策を練って戦略を立てることが可能となる。

第四章

上段の相手に対する戦略

あまり対戦することのない上段の構えの選手は、
中段の構えの選手と対戦することが多く、慣れているもの。
そこで、上段の構えの選手への対策と攻略法について解説していく。

右に回りながら、相手の肘の外側に剣先が出るように構える

上段の選手に対しては小手を見せないよう、右に回りながら攻めるのが基本だ。そして、もうひとつ注意しておきたいのが、構えだ。中段の選手と対戦するように竹刀を真っすぐに構えた場合、たとえ右回りで攻めたとしても、上段の選手からは小手が狙いやすくなる。上段の選手が小手を打つ場合、竹刀の軌道は一旦外側（こちらから見て右側）に開き、右斜め下（こちらから見て右斜め上から左斜め下）に落ちてくるからだ。そこで、小手を隠すため、剣先が相手の左肘より外側になるように開いて構えるといい。こうすることで、小手を打たれることが防げるため、さらに面だけを警戒しておけばよくなる。

● 剣先を相手の左肘より外側に開いて構える

相手から見た
こちらの剣先の状態

アドバイス

右斜め前に詰めていくことで相手にプレッシャーをかけられる

上段に対しては、右に回りながら攻めるのが基本だが、ここで注意しておきたいのが、右に回る時、相手を中心に円を描くように回っていくことだ。左図の❶のように、単に右に移動しただけでは相手にプレッシャーがかからず、こちらも中心が取れていない状況となってしまう。

対して❷のように移動すると、相手の左小手が近くなり中心も取れる。これであれば、相手によりプレッシャーをかけることができるので、常に相手に正対するよう右回り移動しよう。

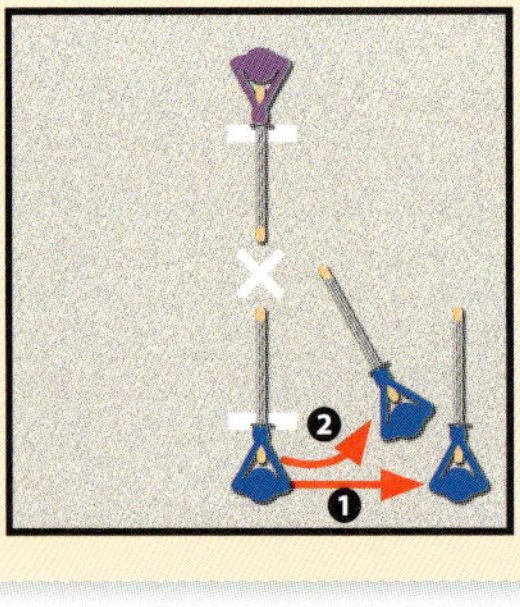

● 竹刀を右に開いたまま右に回って攻める

1

剣先を相手の左肘より外側に開く

2

小手を隠しながら右に回る

3

足捌きで右斜め前に進みながら相手に正対する

4

相手に正対する際も、剣先が内側（左）に入らないように注意しておく

注意点

右に回ったとき、剣先が内側に入ると面に加えて小手も空く

構えたときに剣先を開いていたとしても、右に回って相手に向こうとしたとき、注意しておかないと剣先が内側を向いてしまう。右に回りながら体は左側に向こうとするからだ。このときに不注意で剣先が内側（左側）に向いてしまうと、小手をさらすことになってしまい、面、小手の両方を打たれる危険性が高くなるので注意しておこう。

▶剣先が内側（左）に向いた状態

● 左面を打つイメージで左小手を打つ

右に回りながら打突の機会をうかがう

左小手が見えた瞬間、打ちに行く

構えた左小手の位置ではなく、左面を打ちにいくイメージで打つ

たとえ左小手を引かれても打突できる

左面を狙うイメージで左小手を打つ

ここまでは、上段の相手に対して竹刀を開いて右回りで攻めることを解説してきた。右に回ることでこちらの小手を隠し、さらに相手の左小手にプレッシャーをかけるわけだが、上段の構えでは、左小手を防ごうとすると、左手を引くしかないのが現状だ。そこで、左小手を打ちに行く際は、左面を狙うくらいのイメージで打ちに行くと、仮に左小手を引かれたとしても、打突できる可能性が高くなる。また、構えた位置での左小手を狙うよりも、左面を打ちに行くくらいのイメージで打突した方が、遠い場所を狙うことになるため、自分の体が前に出やすくなるというメリットも生まれる。

構えた位置で打ちにいくと、引かれたとき当たらない

右に回りながら打突の機会をうかがう

左小手が見えた瞬間、打ちに行く

左小手を打つイメージの距離で打ちに行くと

左小手を引かれてしまうと、竹刀が届かない

アドバイス

常に攻める気持ちは持っておく

上段の相手に対して小手を打ちに行くときは、正面から入ろうとするよりも、右斜め前から回り込んで打つイメージを持っておくといい。正面から入るよりも面を打たれるリスクを軽減させる効果があると同時に、斜めから入ることで、相手の小手と自分の剣先に角度を持たせられるため、より確実に打突できるからだ。

右斜め前から回り込んで打つことで

面を打たれるリスクを減らし、竹刀に角度を持たせられる

右に回りながら間を詰めて、相手を止めて右小手を打つ

前項P102では、上段の相手の左小手を打つ方法を解説した。ここでは右小手を打つ方法を解説する。右に回りながら竹刀を開くことで、こちらの小手を隠せることは解説したが、面は空いている状態だ。その状態のまま小手ちに行ったとしても、竹刀を上に構えている上段の相手の方が早く面が打てるため、何かしらの手段を用いて相手を遅らせたい。そこで、打ち間に入る瞬間、手元を上げて面まで隠してしまうと、相手は打つ場所がなくなってしまうため、瞬間的に動きを止めることになるので、その瞬間を逃さず小手を打ちに行けば、相手よりも先に打突できる。

1

右に回りながら相手を攻める

2

打ち間に入る瞬間、右に開いた手元を上げて面を隠す

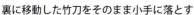

アドバイス

小手と面を隠して相手を止める

ここで解説した右小手を打つための最大のポイントは、いかにして相手の動きを一瞬止めるかにある。まともに打ちに行っても、上段の構えでは竹刀を落とすだけで打突できるため、簡単にはスピードで勝てない。瞬間的に小手と面の両方を隠すことで、相手に打つ場所がないと思わせて動きを止めさせることが重要だ。

竹刀を開いて右に回りながら

瞬時に手元を上げて小手と面を隠す

3

相手の動きを瞬間的に止め、竹刀を裏に返す

4

裏に移動した竹刀をそのまま小手に落とす

相手が左に回った瞬間、左から片手で突く

上段の相手に対し突きを狙うのであれば、右回りで諸手で突いても一本にはなりにくい。それどころか、突きに行こうとした瞬間、小手や面を打たれ、逆に一本を取られてしまうだけだ。そこで、右に回りながら好機をうかがい、相手がこちらの右移動に合わせて左に回った瞬間、左に動いて左側から片手で突くのが効果的だ。相手にしてみれば、左に動くことで虚を突かれ、右に動こうと動きを止めた瞬間、突かれることになる。正面からの諸手突きでは、相手の左小手が前にあるため突きにくいが、左側（相手にとっての右側）から突かれたのでは、虚を突かれるだけでなく、避けにくいという利点もある。

右に回って攻め、好機をうかがう

相手がこちらの動きに合わせ左に回った瞬間を狙う

3

瞬時に左に動く

4

相手が右に動こうと動きを止めた瞬間を逃さず片手で突きにいく

5

突いたら竹刀を引く

注意点

上段の相手が面を打とうとする瞬間は突けない

上段は攻めの構えであるため、同時に打っても相手の打突の方が強く、中段からの打突で一本が取れることはまずない。そのため、上段の相手から一本を取るためには、相手の動きを止め、動きが止まった瞬間を狙う必要がある。

ここで解説した左からの片手突きも同様で、瞬間的に左に動き、相手の動きを一瞬止めることが重要なのだ。左から突くことそのものというよりは、相手の動きを瞬間的に止めるために左に動くと理解しよう。左に動くことでより打ちやすくなるメリットが生じる、ということだ。

右に回りながら面に来させ、表鎬で面を返して面を打突する

Ｐ104では、右に回りながら小手と面の両方を隠しながら打ち間に入り小手を打つ方法を解説した。ここでは同じ右回りながら、あえて面を見せて面に来させておいて、表鎬で面を返して面を打突する方法を解説する。Ｐ104のように、面まで隠してしまうと、相手は面も打てない。しかし、やや手元を下げて面を見せておくと、相手は面を打ちに来るので、それを表鎬で返してしまえば、こちらが打突できる。注意しておかなければいけないのは、上段の相手は竹刀を落とすのが中段の構えよりも早くなるので、打ち間に入りながら、止まらずに動きの中で相手の面を打突を返すことが重要だ。

1 右に回りながら好機をうかがう

2 あえて面を見せながら打ち間に入っていく

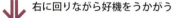

アドバイス

切り返しの要領で斜面を狙ってもいい

上段の相手に限ったことではないが、相手の面を表鎬で返して面を打つのであれば、必ずしも真面（正面）である必要はない。切り返しでは左右の斜面を打っているはずで、同じ要領で竹刀を返し、斜面を狙っても一本になることを覚えておこう。

▶斜面でも、正しい打突なら一本になる

3

動きながら相手の面を表鎬で返す

4

相手の竹刀を表鎬で返したら、切り返しの要領で剣先を中心に移動させる

5

相手の打突を返し、面を打つ

小手に来させ、裏鎬で摺り上げ、返して面を打つ

P100で解説したように、上段に対しては右回りで竹刀を右に開きながら攻めるのが基本だが、裏を返せば、竹刀を内側に入れることで、相手に小手や面に来させることができる、とも言える。わざと剣先を内側に入れることで相手に小手を見せて誘い、裏鎬で摺り上げ、返せば小手を打つことができる。この応用として、面を裏鎬で返して胴を打つことも可能だ。戦略なしに剣先を内側に入れてしまっては打たれるだけだが、戦略として右に開いた状態と意図的に内側に入れた状態を使い分ければ、相手を誘うだけでなく、たとえ一本につながらなかったとしても、相手を迷わせることができる。

竹刀を開いて右に回りながら好機をうかがう

瞬時に剣先を内側に入れ、小手を見せながら打ち間に入る

相手の小手を裏鎬で摺り上げる

4

そのまま竹刀を振りかぶり

5

面を打つ

アドバイス

面に来させて、返し胴も打てる

剣先を内側に入れて誘った結果、相手が面を打ってくるようであれば、裏鎬で摺り上げたあと、返し胴を打ちにいってもいい。状況次第で小手と胴を打ち分けよう。

相手の面を裏鎬で摺り上げる

そのまま胴を打つ

小手を下げるなら飛び込み面 諸手で小手に来るなら合わせて小手を打つ

P102では、上段の選手で、左小手を引いて避けようとするタイプには左面を打つように小手を打つのが効果的だと解説した。この癖とは別に、こちらの小手や突きを怖がり、手元を下げる人もいる。また、諸手で小手を狙ってくるようなタイプの上段に対しては、飛び込み面が効果的だ。諸手で小手を狙うタイプに飛び込み面が効果的な理由は、上段から諸手で小手を打つ場合、上段からそのまま小手は打たず、一度手元を下ろしてから小手を打ってくるため、必ず面が空く瞬間があるからだ。このように、相手の動きや癖、反応を見つけ、それに応じた戦略を立てて試合を組み立て一本を狙うことが重要だ。

● 手元を下げた瞬間に合わせて飛び込み面を打つ

1 右に回りながら好機をうかがう

2 左小手や突きを攻め、相手に警戒させる

3 手元を下げて避けようとした瞬間を逃さず

4 飛び込んで面を打つ

特に突きが効いている場合、諸手打ちが得意な相手にはよく当たる

アドバイス

上段に対する飛び込み面は、手元を下げて小手や突きを防ごうとするタイプの選手に対し、突きが効いている場合、特に効果的だ。P24で解説したように、惜しい技があると、相手はその技に対して過剰に反応するようになるので、突きで一本が取れていなかったとしても、突きを攻めて意識させておきたいところ。また、諸手打ちで小手を打つタイプに対しても、飛び込み面はよく当たるので、しっかりと相手の癖を見抜き、好機を逃さず打ちに行こう。

上段の構えから

諸手で小手を打とうとして、手元が下がった瞬間

小手や突きを防ぐため、小手を下げた瞬間

● 諸手で小手を打ちにくる瞬間に合わせて小手を打つ

右に回りながら好機をうかがう

諸手で小手を打ちにくる瞬間を逃さず

手元が落ちてきた瞬間を狙って

小手を打つ

三所隠しや右手を離して入ってくる相手には、逆胴を打つ

P112では、飛び込み面が効果的な上段のタイプを解説したが、ここでは逆胴が効果的な上段のタイプを解説する。こちらが間合いに入ったとき、打ちに来ることなく、三所隠しのような避け方をするタイプ。あるいは、こちらの小手を怖がり、右手を離して左手だけで竹刀を持って入ってくるタイプ。片手を離して入ってくるのは、何度も行うと反則になってしまうが、場面によって片手で入ってくることがあるので、このどちらかの癖が見られたら、その瞬間を逃さず逆胴を狙うと効果的だ。右手を離すタイプの場合、右胴を打とうとしても右手が落ちているため当たらないので注意しておこう。

● 三所隠しで避けた瞬間に合わせて逆胴を打つ

1

右に回りながら好機をうかがう

2

こちらの攻めに対して三所隠しで避けた瞬間を逃さず

3

竹刀を振り上げて

4

逆胴を打つ

アドバイス

相手の癖やタイプをしっかり見極める

前項と合わせ、相手の癖やタイプに合わせた技を解説してきたが、上段に限らず、相手の癖やタイプ、反応の仕方などを見極めることは、剣道で試合に勝つためには重要な要素だ。こちらの攻めに対して手元を下げるのであれば小手、三所隠しするのであれば逆胴といったように、効果的となる技は変わってくるからだ。そのためにも、できる限り相手の情報を集めて研究し、または試合当日でも対戦相手の試合を見ておくといい。また、試合中でも得られる情報はある。それらを総合して戦略を立て、勝つための道筋を探すことが重要だ。

上段の構えから

右手を離して入ってくる瞬間

三所隠しで避けた瞬間

● 右手を離して入ってきた瞬間に逆胴を打つ

右に回りながら好機をうかがう

右手を離して入ってきた瞬間を逃さず

竹刀を振り上げて

逆胴を打つ

対戦する相手を真似し、真似てもらい対策を練る

P98では、対戦相手の研究をしておくことの重要性を説いた。その中で、相手の癖を見つけて研究しておこうと解説したが、もし相手の癖や得意技などが事前に分かるようであれば、それを自ら真似てみることで、短所や長所を身をもって知ることができる。たとえば、打ち方や避け方を真似て稽古で実践してみると、思っていたよりも多くのことを発見できる。つまり、自分が同じことを行うことで、隙になりそうな箇所に気付いたり、逆に長所となり得る箇所に気付いたりするということだ。これらを発見できれば、対処法も見えてくる。

また、自分ではなく、稽古のとき、仲間に対戦相手を真似てもらい、攻め方などを研究しておくことも、ぜひ実践してほしい。対戦相手を真似てもらうことができれば、まったく同じではないにしても、対戦相手との試合を事前にシミュレーションできる。この経験は、戦略を練る上で、非常に大きなものだ。自ら真似て気付いた弱点の攻め方を研究してみたり、長所だと感じた箇所について、対処法を練ってみることもできるからだ。また、自分の剣道と照らし合わせて、どのように試合を進めればいいのか、どのように試合を進められるのかなどを考え、実践しておくこともできる。それらの経験を通して、勝つための方策を見つけ出し、さらに磨きをかけておけば、試合を優位に進められる。

ただし、仲間に時間を割いてもらうことになるので、長時間にならないよう配慮し、感謝の気持ちも忘れずに伝えよう。

第五章

打突の好機を逃さずに一本を取る攻略法

高段者であっても、意外と知らない打突の好機というものがある。
鈴木氏が実際に試合で一本を取ってきた打突の好機を知り、
試合での攻めに幅を持たせ、一本に近づける攻略法を解説する。

抜けて振り返り打突部位をかばう瞬間を逃さず狙う

打って抜けた後、振り返る瞬間というのは、相手がどのような体勢でいるか分からないため、恐怖心から防御の姿勢を取るものだ。この振り返る瞬間というのは、防御の姿勢を取るだけあって、絶好の打突の好機と言える。ただし、状況や相手の癖などから、一概にどの姿勢を取るとまでは言えない。そこで、相手が振り返った瞬間の動きや癖を見ておき、どの部位が狙えるのかを探っておこう。そして、相手が抜けたら追っていき、その後に訪れる「振り返る瞬間」を逃さず打突にいけば、一本が取れる可能性は非常に高くなる。

● 相手が振り返る瞬間、手元を上げていたら小手

1

⇓ 相手が抜けたら追っていく

2

⇓ 振り返る瞬間、手元を上げて防御しているなら

3

小手を打つ

振り返った瞬間の相手の体勢

● 相手が振り返る瞬間、小手を隠すなら突きや面

相手が抜けたら追っていく

振り返る瞬間、剣先を開いて小手を隠しているなら

突く

振り返った瞬間の相手の体勢

● 相手が振り返る瞬間、三所隠しするなら胴

1

相手が抜けたら追っていく

2

振り返る瞬間、三所隠しで防御しているなら

3

胴を打つ

振り返った瞬間の相手の体勢

● 相手が振り返る瞬間、面を隠すなら斜面

相手が抜けたら追っていく

振り返る瞬間、手元を上げて面を隠しているなら

右の斜面が当たる

振り返った瞬間の相手の体勢

鍔迫り合いから腕を伸ばし離れるその瞬間に巻き技で狙う

鍔迫り合いになったとき、特に相手が負けていたりして早く離れたいと思っているような場合は、腕を伸ばして離れようとすることがある。人間は腕を伸ばしていると力が入らず、外部からの力に抗うのが難しいので、相手の意思通り離れてしまうのではなく、この好機を逃さないようにしよう。そこで、相手が腕を伸ばして離れようとしているのであれば、巻き技を狙うと通常よりも相手の竹刀が巻きやすくなり、一本を取れる可能性が非常に高くなる。表から巻く場合は相手の竹刀を巻き上げ、裏から巻く場合は相手の竹刀を巻き落とすことが重要だ。

● 相手の腕が伸びたら表から巻いて打つ

1 鍔迫り合いから相手が腕を伸ばして離れようとする

2 腕が伸びたら表から竹刀を巻く

3 右斜め上に相手の竹刀を巻き上げ

4 剣先を中心に戻しながら

5 打突する。ここでは面を打っている

裏から巻き落とす

裏交差で相手が腕を伸ばして離れていく

腕が伸びたら鍔元に近い部分で表から巻きはじめる

素早く右斜め下に向かって巻いていく

相手の竹刀が下になったら

左斜め下に巻き落とす

表から巻き上げる

表交差で相手が腕を伸ばして離れていく

腕が伸びたら鍔元に近い部分で表から巻きはじめる

素早く左斜め下に向かって巻いていく

相手の竹刀が上になったら

右斜め上に巻き上げる

鍔迫り合いから引き面に合わせ引き胴（表交差）

試合中に鍔迫り合いになることは多いが、相手が引き面を得意としているようであれば、それを逆手に取るといい。離れる瞬間、わざと面を見せて面に誘い、手元を上げさせる。その瞬間、空いた胴を打てば、一本が取れる可能性は高くなる。このとき、真っすぐ後ろに捌いてしまうと、相手の竹刀の下にいることになり、打たれる可能性が高くなってしまう。そこで、左斜め後ろに捌きながら胴を打てば、相手の竹刀の下から外れ、かつ、自分の胴もより打ちやすくなるので覚えておこう。

● 引き面の相手の手元が上がった瞬間に引き胴を打つ

1

鍔迫り合いから離れる瞬間を狙う

2

離れた瞬間、面を見せて誘う

3

相手が竹刀を振り上げた瞬間

4

斜め左後ろに捌きながら胴を打つ

5

左斜め後方に引いていく

アドバイス

左斜め後ろに捌きながら引き胴を打つ

相手の引き面に合わせて引き胴を打つ場合は、真っすぐ後ろに捌いてしまうと、面を打たれる可能性が高くなってしまう。そこで、左斜め後ろに捌きながら胴を打てば、相手の面を防ぐと同時に、こちらの胴もより打ちやすくなるので意識しておこう。

左斜め後ろに捌けば

相手の面が当たりにくくなる

真っすぐ後ろに捌いてしまうと

相手の面が当たる

鍔迫り合いから引き面に合わせ引き小手（裏交差）

前項では表交差による鍔迫り合いからの引き胴を解説したが、ここでは裏交差による鍔迫り合いから相手の引き面に合わせて引き小手を打つ方法を解説する。

前項同様、相手が引き面を得意としているようであれば、あえて面を見せて面に誘い、手元を上げさせる。裏交差であれば、竹刀は元々裏、つまり小手側にあるので、こちらは竹刀を落とすだけで打てるというメリットもある。引き小手を打つ場合も、真っすぐ後ろに捌くよりも左斜め後ろに捌いた方が、より小手を打ちやすくすることができるので覚えておこう。

● 引き面の相手の手元が上がった瞬間に引き小手を打つ

鍔迫り合いから離れる瞬間を狙う

離れた瞬間、面を見せて誘う

相手が竹刀を振り上げた瞬間

斜め左後ろに捌きながら小手を打つ

4

5

左斜め後方に引いていく

アドバイス

裏にあるから竹刀を落とすだけで打てる

裏交差であれば、元々竹刀は小手の側にあるため、離れた瞬間、そのまま竹刀を落とせば、竹刀を振り上げることもなく、小手が打てる。また、引き胴同様、真っすぐ後ろに捌いてしまうと、相手の竹刀の下に面があるため、当たる可能性が高くなる。そこで、左斜め後ろに捌き、相手の竹刀から外れるよう心がけておこう。

左斜め後ろに捌けば

竹刀を落とすだけで小手が打てる

相打ち面からの引き小手

相打ち面で体がぶつかった後、鍔迫り合いになることもなく離れる場合がある。このとき、お互い打った後なので、呼吸が乱れていたりするものだが、お互いが息を吸ってしまうと、単に離れるだけだ。しかし、自分だけが集中を切らさず、呼吸をしないでおけば、こちらだけが打てる体勢になっているので、この瞬間は打突の好機だ。離れる瞬間はお互いの手元が上がったままなので、剣先を裏に移動させながら落とすだけで引き小手が打てる。

● 相打ち面から離れ際に引き小手を打つ

相打ち面でどちらも一本が取れない状態から

手元を上げたまま体がぶつかる

後方に捌いて離れ際に

剣先を裏に移動させながら

4

5

竹刀を落として小手を打つ

アドバイス

呼吸をしてしまうと打てない

試合のときはもちろんだが、練習中や稽古のときでも、常に集中を切らさず、切り返しなどの練習でもその都度息を吸ったりしないよう、普段から注意しておこう。呼吸というのは、普段、何気なくしているものなので、よほど意識して注意しておかないと、特に試合では無意識に呼吸をしてしまったりするものだ。息を吸っている瞬間は体が動かないので、この瞬間に隙を突かれると、対処できない。

逆の言い方をすれば、息を吸わなければ、体は勝手に動くはずなので、こちらは隙を見せないようにすることが肝心だ。

練習時でも常に呼吸は意識しておく

小手の相手には裏から突く

相手が小手を得意としている場合など、あえて竹刀を裏に回して小手を見せれば、相手に好機と思わせ誘うことができる。このように、わざと小手に来させておいて、その瞬間を逃さずに突けば、相手は竹刀を振る必要があるが、こちらは最短距離で突くだけなので、より早く打つことができる。

● 相手が小手に来たところを最短距離で突く

一足一刀の間合いから

竹刀を裏に回して小手を見せる

相手が小手にくる瞬間を逃さず

4

最短距離で突く

5

突いたら素早く
竹刀を引く

アドバイス

相手の圧力に負けては突けない

ここでは小手に誘っているため、突く瞬間は相手も前に出てきているはずだ。そのため、竹刀を握る左手がしっかり握れていなかったり、左肘が緩んで脇が空いているようでは、相手の圧力に負けて正しく突けなくなってしまう。これでは一本にならないばかりか、逆に小手で一本取られる可能性も高くなるだけだ。脇をしっかりと絞め、正しい構えで突くことが重要だ

左肘が緩んで脇が空くと、相手の圧力に負けてしまう

崩れたとき三所隠しになるなら左胴を打つ

● 体勢を崩したとき、三所隠しになる相手には逆胴を打つ

1

体当たり（または鍔迫り合い）になる

2

体当たりしたとき相手を右から左斜め前方に崩す

3

バランスを崩した相手が三所隠しになる

体当たりなどで相手と接近する場合や鍔迫り合いでも言えることだが、右から左斜め前方、相手にとっては右斜め後方に崩されると、バランスを崩しやすくなる。これは右足を前に出しているため、右斜め後方への圧力に対して、支えるものがないからだ。バランスを崩された相手は、自分から打つこともできず打たれる恐怖心から、条件反射的に防御しようとするものだ。この防御の姿勢を取るとき、面、小手、胴のすべてを隠そうとして三所隠しになるなら、その瞬間を逃さず逆胴（左胴）を打てば、一本を取れる可能性が非常に高くなる。

その瞬間を逃さず

4

5

逆胴（左胴）を打つ

アドバイス

相手の右斜め後方に崩すと崩れやすい

剣道では右足が前に出ていることから、図を見ても分かる通り、左斜め後方であれば左足で体を支えられるが、体の右斜め後方への圧力に対しては、支えるものがないので、左斜め後方よりも崩しやすいと言える。ここでは触れていないが、もし相手を前方に崩したいなら、相手の右斜め後方に圧力をかけて、反発してきたところで力を逃がしてやれば、この場合も左斜め前方には支えるものがないので崩しやすくなる。

右斜め後方は支えがないので崩れやすい

返そうとする相手には、同じ部位を二回連続で打つ

もちろん相手のタイプにもよるが、剣道が強ければ強いほど、こちらの打突を返そうとする傾向が顕著になるものだ。そこで、この強い相手に対し効果的な攻略法となるのが、同じ部位を二回連続で打つというもの。つまり、返そうとする動きを逆手に取って一本を取る。たとえば相手に返されることを前提に一度面を打ち、間髪入れずに再度、面を打てば、相手にとっては返し終わりに再度面に来られるため、対応できなくなる。ここでは、面と小手、そして応用として引き技での面の連続打ちを紹介しておく。

● 連続で面を打つ

一本を取るつもりで面を打ちにいく

相手に返されたら

そのまま流れを止めず

再度、面を打つ

● 連続で引き面を打つ

一本を取るつもりで引き面を打ちにいく

相手に返されたら

そのまま流れを止めず

再度、引き面を打つ

● 連続で小手を打つ

一本を取るつもりで小手を打ちにいく

相手に返されたら

そのまま流れを止めず

再度、小手を打つ

上体で避ける相手には担ぎ技や片手技で打つ

ここで解説する攻略法は、試合中、いつでも狙えるというわけではなく、たとえば相手が勝っていて試合の残り時間が少なく逃げたがっている、こちらの技に対し上体をのけ反らせて避ける癖があるなどの条件が重なった場合に有効な技だ。このような状況の相手に対しては、担ぎ技や片手技など、距離が出せる意表を突く技が効果的と言える。ただし、奇襲と言っても過言ではないので、この戦術を普段から使おうとするには無理がある。頭の隅に入れておき、試合中にこのような状況に遭遇した場合の攻撃の引き出しとして活用してほしい。

● 上体で避ける相手に担ぎ面で打つ

1
十分に攻めを効かせる

2
意表を突いて竹刀を担ぐ

3
そのまま打ち間に入り

4
面を打つ

注意点

攻めが効いていなければ返される

この戦術では、相手の意表を突く技だが、こちらの攻めが効いていなければ、返されてしまう可能性が非常に高い。逆の言い方をすれば、相手が逃げたいという心理状態で、かつこちらの攻めが効いていれば、上体で避ける可能性も高くなるので、一本を取れる可能性が高くなる。そのため、打つことそのものよりも、打つ前の攻めや相手の状態に重きを置いておこう。また、普段から使うような技ではないことは、再度強調しておきたい。

● 上体で避ける相手に片手面で打つ

十分に攻めを効かせる

意表を突いて片手で竹刀を振り上げる

そのまま打ち間に入り

片手面を打つ

● 片手突きの後を逃さず右小手を打つ

相手の片手突きの後右小手を狙う

相手が片手で突きにくる

竹刀と足捌きで外し

竹刀を振り上げる

試合中、相手が出してくる大技に対し、それを避けて安心してしまうことはないだろうか。大技というのは、通常の打突よりも、打った後、体勢を戻すまでに時間がかかるため、その瞬間が打突の好機となる。相手の片手突きが決まらなければ、竹刀を離した無防備な右小手を狙うといい。大技を出された瞬間はピンチと思うかもしれないが、いついかなるときでも打てる準備をしておけば、ピンチをチャンスに変える発想で、こちらの打突の好機に変えられる。その瞬間を逃さないよう、常に集中して攻めの姿勢を持っておこう。

4

相手の右小手を打ち

5

残心を取る

注意点

止まると、受けたまま終わってしまう

相手の意表を突く大技に対し、足が止まって受けてしまうと、仮に一本を取られなかったとしても、こちらが技を出すこともできなくなる。これでは打突の好機を活かすことはできない。足を止めず、捌けていれば技を出すこともできるため、打突の好機を活かせる。集中して、気持ちと体の両方で攻めの姿勢を準備しておこう。

足が止まっていると、次につながらない

足で捌けていれば技を出すこともできる

諸手突きが外れ竹刀を引いた瞬間に面を打つ

前項では、相手の片手突きが外れた瞬間に面を打つ攻略法を解説した。大技ではないが、同様に相手の諸手突きが外れた瞬間というのも、ひとつの打突の好機だ。相手にしてみれば、一本を取り損ねた瞬間であり、こちらにしてみれば、一本を取られるピンチがチャンスに変わった瞬間と言える。突いた竹刀を引くところでは、相手は防御することも攻撃することもできないので、面を狙えば一本取れる可能性は非常に高くなる。

相手の打ち終わりを狙う場合、前項同様にこちらの足が止まってしまうと、攻撃に移れないので、必ず足捌きを使って足を動かしておこう。

● 諸手突きの後を逃さず面を打つ

一足一刀の間合いから

相手が諸手で突きにくる

竹刀と足捌きで相手の突きを外し

相手が竹刀を引くところで

4

打ち間に入り

5

6

面を打つ

鍔迫り合いから相手の力を利用して打つ

● 相手の力を利用して引き面を打つ

体格差のある相手と鍔迫り合いになる

相手が右斜め後方に崩そうと圧力をかける

その力を利用しながら右斜め後方に引き

成人の試合と言っても、相手によっては体格差が顕著な場合もある。特に鍔迫り合いでは、相手の体重や力が直接感じられるため、差が目立ちやすい。このような状況では、自分が相手より体格的に劣っていると、一方的に押し込まれてしまい、相手が優位であると思いがちだが、その相手の力を利用することで、打突の好機を作り出すことができる。右斜め後方に圧力をかけられる場合が多いはずなので、そこで我慢したり崩されたりするのではなく、押されている力を利用しながら引き面を打てばいい。相手にしてみれば、崩そうと思って圧力をかけたところで引かれるため、逆に相手のバランスを前に崩すことにもつながる。

4

左の斜面を打つ

注意点

我慢したり崩されたりしない

ここで解説した攻略法は、必ずしも体格差がある相手だけに有効というわけではない。差がない相手であっても、相手の力を利用することは可能だ。ただ、体格差があるから相手が有利であるとばかりは言えず、それを利用することで体格差は補えると知ってほしかったので、あえて体格差を強調して解説した。また、特に体格差がある場合は、相手に圧力をかけられた際、必要以上に我慢してみたり、実際に崩されてしまうと相手が有利になってしまうので注意しておこう。

必要以上に我慢すると、相手が有利になる

崩されてしまうと、危険な状態になる

試合前は生活パターンを変えず、練習も省かない

　試合前は誰しも緊張するもの。しかし、必要以上の緊張を軽減させることは可能だ。人が緊張する要因のひとつに、環境の変化が挙げられる。つまり、普段とは違うことを経験したとき、そのストレスから人は緊張する。試合は、普段から頻繁に行っているものではないので、それだけでも緊張するものだが、ここに生活パターンの変化が加わることで、より一層の緊張が伴ってしまう。そこで、私は試合のおよそ一カ月ほど前からは、試合当日の起床時間に合わせて起きるよう心がけている。つまり、試合当日と同様の生活リズムで過ごし、試合当日に環境が変化しないようにしているわけだ。これには、もうひとつのメリットがある。この生活リズムが体に馴染むことで、試合当日、体が睡眠から完全に抜け出せるのだ。

　また、試合前になると、調整目的で、生活パターンを変えてみたり、練習内容を普段のものから省いてしまうことがある。これらの行為も、環境の急激な変化となり得るので、試合当日、過度の緊張を伴う原因になったりする。もし練習量を減らしたければ、ひとつの練習をなくしてしまうような調整の仕方ではなく、メニューそのものは変えず、全体的に量を減らす方がいい。

　なるべく普段の生活と変わらない生活を送る。この方が、環境の変化は少なくて済むので、当日の過度の緊張を軽減させるには効果的だ。

第六章

有効打突の要件と反則行為

剣道経験者であっても、意外と知られていない「剣道試合・審判規則」と「細則」。特に有効打突の要件や反則行為は、勝敗に直結するので、この機会に条文とともに覚えておこう。

有効打突の要件——1 部位

剣道では、打突部位は面、小手、胴、突きの4か所であることは、誰もが知っている。しかし、高段者であっても意外と知られていないこともあるので、あらためて有効打突となる打突部位について学んでおこう。まず、一番多いのが、面は正面しか一本にならない、斜面は正しくないという思い込みだ。審判規則や審判細則にも明文化されているが、左右面（斜面）も有効な打突部位として認められている。小手部や胴部、上段の場合の小手部を、元の根拠となる条文と合わせて、正しく理解しておこう。

剣道試合・審判規則

第1編　試合
第2章　試合
第2節　有効打突

［打突部位］
第14条
打突部位は、次のとおりとする。
1. 面部
（正面および左右面）
2. 小手部
（右小手および左小手）
3. 胴部
（右胴および左胴）
4. 突部
（突き垂れ）

剣道試合・審判細則

第13条
規則第14条（打突部位）は、第3図のとおりとし、面部および小手部は、次のとおりとする。
1. 面部のうち左右面は、こめかみ部以上。
2. 小手部は、中段の構えの右小手（左手前の左小手）および中段以外の構えなどのときの左小手または右小手。

● 面部

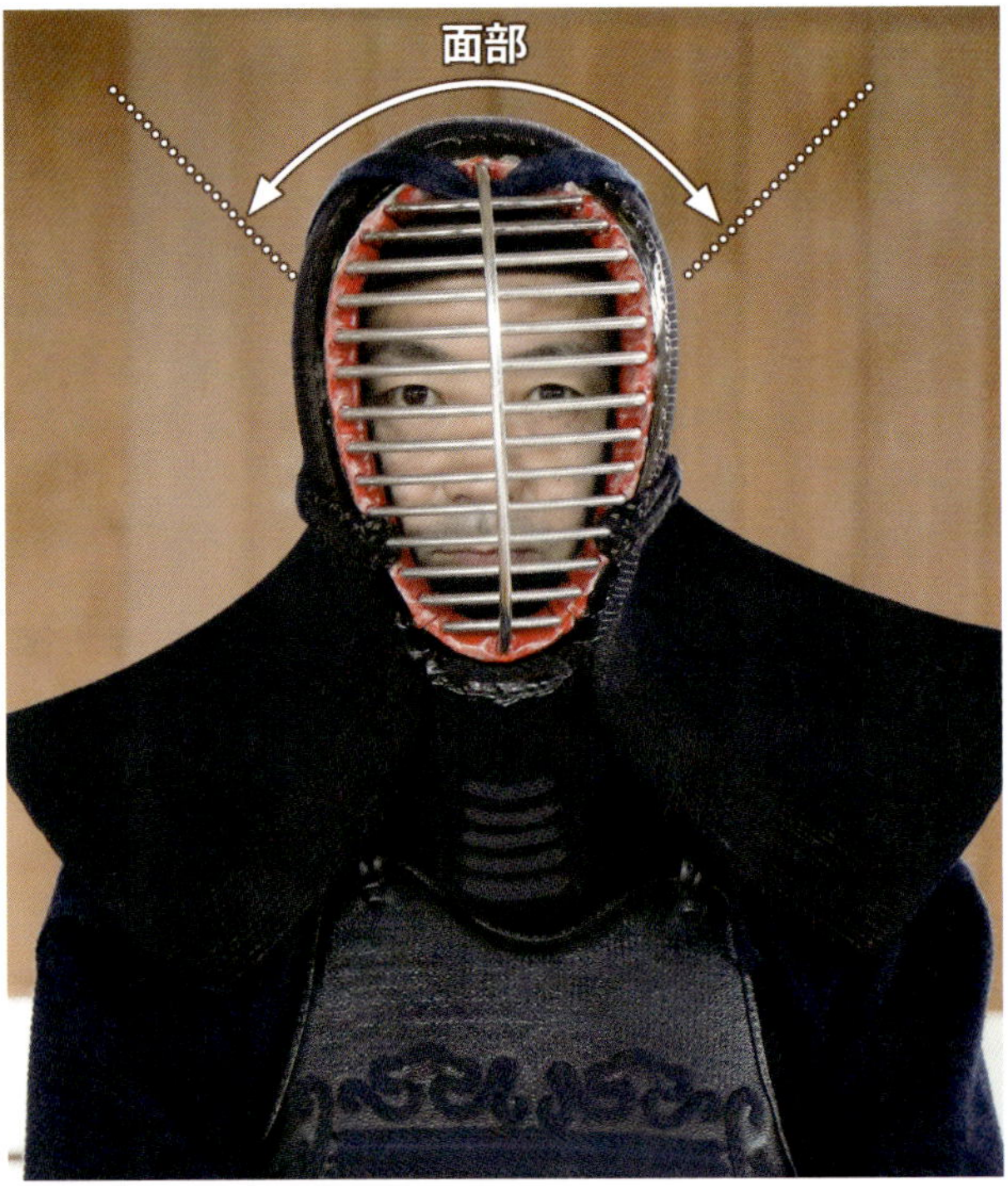

正面だけではなく、こめかみ部以上の左右面も打突部位として定められているため、有効打突であれば一本が認められる。

上段（中段以外の構え）のときの小手部

中段以外、上段の場合は、右小手はもちろん、左小手も打突部位として定められている。ただし、有効打突となるのは左右とも小手（甲手）布団のみであり、生子（けら）より先、小手（甲手）頭を打突しても一本は認められない。

小手部

小手は小手（甲手）布団のみが打突部位として定められている。そのため、生子（けら）より先、小手（甲手）頭を打突しても一本は認められない。
また中段の構えでは右小手のみ、左手前の場合は左小手のみが打突部位として定められている。

突部

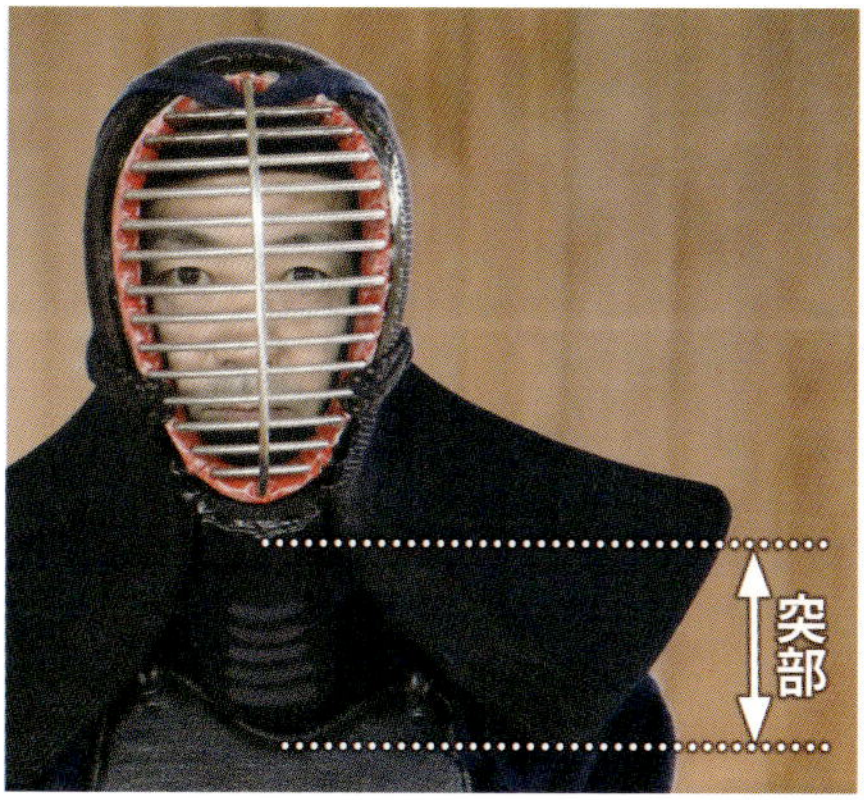

突部は、突き垂全体が打突部位として定められている。ただし、突いたとき、突き垂れの端に当たり剣先が外れてしまうような打突では、有効打突として認められない。

胴部

胴部については、右胴、左胴（逆胴）という技の表現をするが、審判規則では左右の胴の一部のみが打突部位と定められているわけではない。つまり、右胴であれ左胴であれ、有効打突の要件を満たした打ち方であれば、仮に胴の中央を打っていたとしても一本が認められる。また、胴部以外の胴台や垂れは打突部位と認められていない。

有効打突の要件——2
残心

剣道には、有効打突の要件として「残心あるもの」という一文がある。読者の皆さんは、そんなことは知っていて当たり前と思っているかもしれないが、高段者であっても、せっかく打突そのものが有効でも、この「残心」がなく、一本を認めてもらえないことが、実際に試合でも起こっている。打突後の「残心あるもの」と認められる形を、再度頭に入れておこう。また、特に突きでは突きっぱなしになってしまい、結果的に一本を認めてもらえない場合が多いので、突きの場合の残心も示しておく。

剣道試合・審判規則

第1編　試合
第2章　試合
第2節　有効打突
［有効打突］
第12条
有効打突は、充実した気勢、適正な姿勢をもって、竹刀の打突部位を刃筋正しく打突し、残心あるものとする。

●「残心あるもの」と認められる形

ここでは小手を打っている

打突したらすぐに竹刀を引く

足捌きを使って間を取り、中段に構える

●「残心あるもの」と認められない突き

正しく相手を突く

突いても竹刀を引かず

突いたままになってしまうと「残心あるもの」と認められない

●「残心あるもの」と認められる突き

正しく相手を突く

突いたらすぐに竹刀を引く

足捌きを使って間を取り、中段に構える

反則行為──1
鍔迫り合い 時間の空費

剣道試合・審判細則の第16条の6で、故意に時間を空費することを禁じている。また、7では不当な鍔迫り合いも禁止行為と定められているが、特に鍔迫り合い時においては、故意に時間を空費しやすいため、注意が必要だ。時間を空費したと認められてしまうと反則となり、2回犯した時点で一本を取られてしまう。それでは、鍔迫り合いで時間の空費と取られてしまう状況とは、どういったものなのか解説しておく。特に自分が勝っている場合などで、時間を消費したい気持ちが強かったりするとやってしまいがちな行為なので、注意しておこう。

剣道試合・審判規則

第1編　試合
第3章　禁止行為
第1節　禁止行為事項

［諸禁止行為］
第17条
試合者が、次の各号の行為をすること。
1.定められた以外の用具（不正用具）を使用する。
2.相手に足を掛けまたは払う。
3.相手を不当に場外に出す。
4.試合中に場外に出る。
5.自己の竹刀を落とす。
6.不当な中止要請をする。
7.その他、この規則に反する行為をする。

第2節　罰則
第20条
試合者が第17条2号ないし7号の行為をした場合は、反則とし、2回犯した場合は、相手に1本を与える。反則は、1試合を通じて積算する。ただし、同時反則によって両者が負けになる場合は相殺し、反則としない。
②第17条4号の場合、両者が相前後して、場外に出たときは、先に出た者のみ反則とする。
③第17条4号の場合、有効打突を取り消したときは、反則としない。
④第17条5号の場合、その直後に相手が打突を加え、有効となったときは、反則としない。

剣道試合・審判細則

第16条
規則第17条7号の禁止行為は、次の各号などをいう。
1.相手に手をかけまたは抱え込む。
2.手の竹刀を握るまたは自分の竹刀の刃部を握る。
3.相手の竹刀を抱える。
4.相手の肩に故意に竹刀をかける。
5.倒れたとき、相手の攻撃に対応することなく、うつ伏せなどになる。
6.故意に時間の空費をする。
7.不当なつば（鍔）競り合いおよび打突をする。

●時間の空費と認められてしまう行為

1
鍔迫り合いになる

相手が離れようとする

2

腕を出して間合いを詰めようとする

3

相手が足捌きでさらに離れようとする

4

5

さらに付いていき、試合を再開させるつもりがないと認められてしまう

反則行為——2

鍔迫り合い 不当な鍔迫り合い

剣道試合・審判細則の第16条の7では、不当な鍔迫り合いを禁じている。不当な鍔迫り合いであると認められてしまうと反則となり、2回犯した時点で一本を取られてしまうので注意が必要だ。それでは、不当な鍔迫り合いとは、どのようなものなのだろうか。不当と認められる行為で、試合中に行ってしまいがちなのは主に3種類ある。ひとつ目は第16条の4で明記されている、相手の肩に竹刀を押し付ける行為。ふたつ目は、相手の竹刀の刃部に拳がかかる行為。みっつ目は裏交差で相手の竹刀を上から押さえこんでしまう行為だ。ただし、裏交差で相手の竹刀を上から押さえる行為も、技を出すための一環であると認められる場合は反則とはならないが、技を出すことなく再三行った場合は反則となる。

剣道試合・審判規則

第1編　試合
第3章　禁止行為
第1節　禁止行為事項

〔諸禁止行為〕
第17条
試合者が、次の各号の行為をすること。
1.定められた以外の用具（不正用具）を使用する。
2.相手に足を掛けまたは払う。
3.相手を不当に場外に出す。
4.試合中に場外に出る。
5.自己の竹刀を落とす。
6.不当な中止要請をする。
7.その他、この規則に反する行為をする。

第2節　罰則
第20条
試合者が第17条2号ないし7号の行為をした場合は、反則とし、2回犯した場合は、相手に1本を与える。反則は、1試合を通じて積算する。ただし、同時反則によって両者が負けになる場合は相殺し、反則としない。
② 第17条4号の場合、両者が相前後して、場外に出たときは、先に出た者のみ反則とする。
③ 第17条4号の場合、有効打突を取り消したときは、反則としない。
④ 第17条5号の場合、その直後に相手が打突を加え、有効となったときは、反則としない。

剣道試合・審判細則

第16条
規則第17条7号の禁止行為は、次の各号などをいう。
1.相手に手をかけまたは抱え込む。
2.手の竹刀を握るまたは自分の竹刀の刃部を握る。
3.相手の竹刀を抱える。
4.相手の肩に故意に竹刀をかける。
5.倒れたとき、相手の攻撃に対応することなく、うつ伏せなどになる。
6.故意に時間の空費をする。
7.不当なつば（鍔）競り合いおよび打突をする。

● 相手の体に竹刀を押し付ける行為

相手の肩に竹刀をかけて押し付ける

● 相手の竹刀の刃部に拳がかかる行為

自分の拳を相手の竹刀の刃部に押し付ける

拳ではないが、相手の竹刀の刃部に柄を押し付けるのも反則

● 裏交差で相手の竹刀を上から押さえこんでしまう行為

裏交差のとき、竹刀を開いて上から相手の竹刀を押さえこむ

技を出すための流れの中でなら反則にはならない

反則行為――3 危険な行為 足掛け、かち上げ

剣道試合・審判規則の第17条の2では、相手に足を掛けまたは払う行為を禁じている。大変に危険な行為であり、足を掛けられて倒れた相手は、竹刀を持っているため膝から落ちて床に強打してしまう。そのため、重傷を負ったり後遺症が残るなどして選手生命を奪うなど、深刻な問題に発展するケースも少なくないので、危険な行為は絶対にやってはいけない。危険な行為としては、他に下から上にかち上げてしまうというものもある。試合中は熱くなり、つい自分を見失いがちになってしまうものだが、相手あっての試合であることを忘れないでほしい。相手を負傷させてしまうと、その後の試合に出場できなくなる可能性もあるので注意しよう。

剣道試合・審判規則

第1編　試合
第3章　禁止行為
第1節　禁止行為事項

〔諸禁止行為〕
第17条
試合者が、次の各号の行為をすること。
1.定められた以外の用具（不正用具）を使用する。
2.相手に足を掛けまたは払う。
3.相手を不当に場外に出す。
4.試合中に場外に出る。
5.自己の竹刀を落とす。
6.不当な中止要請をする。
7.その他、この規則に反する行為をする。

● 相手に足を掛ける行為

故意に相手の右足に自分の足をかけ、倒そうとする

第2節 罰則
第20条
試合者が第17条2号ないし7号の行為をした場合は、反則とし、2回犯した場合は、相手に1本を与える。反則は、1試合を通じて積算する。ただし、同時反則によって両者が負けになる場合は相殺し、反則としない。
② 第17条4号の場合、両者が相前後して、場外に出たときは、先に出た者のみ反則とする。
③ 第17条4号の場合、有効打突を取り消したときは、反則としない。
④ 第17条5号の場合、その直後に相手が打突を加え、有効となったときは、反則としない。

第2編　審判
第2章　審判
第2節 審判の処置
［負傷または事故］
第30条
負傷または事故などにより試合が継続できない場合は、その原因を質し、次の処置をする。
1．試合継続の可否判断は、医師の意見を徴し審判員の総合判断とする。その処理に要する時間は、原則として5分以内とする。
2．負傷により試合が継続できないとき、その原因が一方の故意および過失による場合は、その原因を起こした者を負けとし、その原因が明瞭でない場合は、試合不能者を負けとする。
3．負傷または事故者として処理された者は、医師および審判員の判断により、その後の試合に出場することができる。
4．加害者として負けとされた者は、その後の試合に出場することができない。

● 相手をかち上げる行為

柄の部分を使って、相手の顎をかち上げる

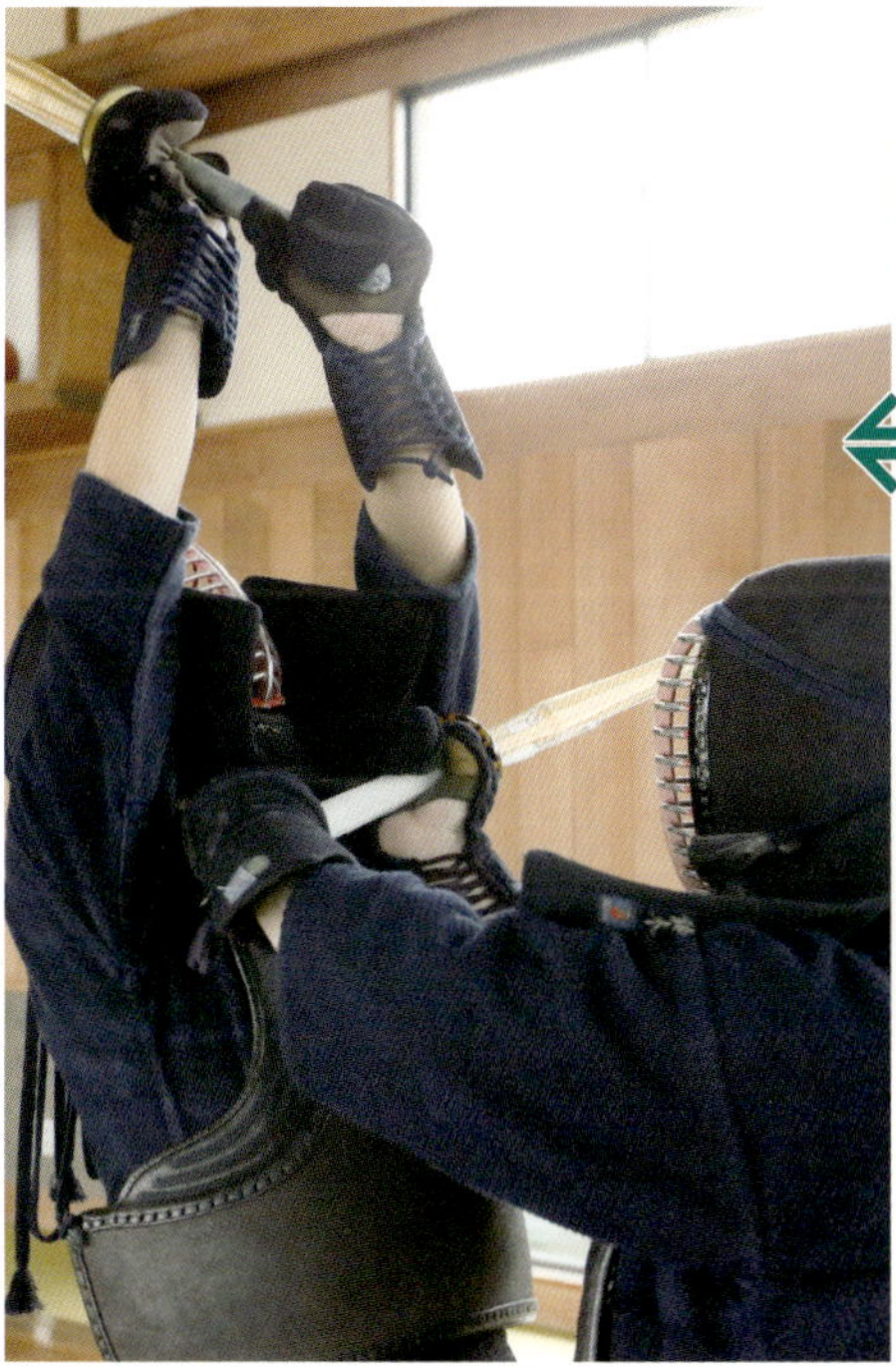
後ろに倒れ、後頭部から床に落ちる
可能性もある危険な行為

反則行為――4
危険な行為
突きでの押し出し、不当な押し出し、倒れた相手を打つ

剣道試合・審判規則

第1編　試合
第3章　禁止行為
第1節　禁止行為事項

［諸禁止行為］
第17条
試合者が、次の各号の行為をすること。
1．定められた以外の用具（不正用具）を使用する。
2．相手に足を掛けまたは払う。
3．相手を不当に場外に出す。

剣道試合・審判規則の第17条の3では、相手を不当に場外に出す行為を禁じている。不当に相手を場外に押し出す方法として試合中に見られるのは、技としてではなく、場外に出すための突き。つまり突きで相手を押し出そうとする行為と、体当たりで押し出そうとする行為の2つだ。これらの行為も、大変に危険なので、絶対にやってはいけない。また、倒れた相手に対して、倒れた直後に加えた打突は認められているが、何度も打突を加えてはいけない。あくまでも「倒れた者に、直ちに加えた打突」だ。直ちに加えられるのは一打だけのはずで、何度も打ってしまうのは、直ちに加えたことにはならない。

● 突きでの押し出し

技としての突きではなく、突いて場外に押し出す行為

4. 試合中に場外に出る。
5. 自己の竹刀を落とす。
6. 不当な中止要請をする。
7. その他、この規則に反する行為をする。

第2節 罰則
第20条
試合者が第17条2号ないし7号の行為をした場合は、反則とし、2回犯した場合は、相手に1本を与える。反則は、1試合を通じて積算する。ただし、同時反則によって両者が負けになる場合は相殺し、反則としない。
② 第17条4号の場合、両者が相前後して、場外に出たときは、先に出た者のみ反則とする。
③ 第17条4号の場合、有効打突を取り消したときは、反則としない。
④ 第17条5号の場合、その直後に相手が打突を加え、有効となったときは、反則としない。

剣道試合・審判細則

第11条
次の場合は、有効とすることができる。
竹刀を落とした者に、直ちに加えた打突。
一方が、場外に出ると同時に加えた打突。
倒れた者に、直ちに加えた打突。

● 不当な押し出し

不当に体重を乗せ、相手を場外に押し出す行為

● 倒れた相手を打つ

倒れた相手に対しては、直ちに加えられる一打のみが有効

元立ちの練習で得られることは打ち方だけではない

誰しも練習で元立ちを行っているはずだ。元立ちでは、打突する側の打突の基本的な練習と捉えられがちだが、少し意識を変えるだけで、より多くのものが得られる。

具体的には、自分が元立ちとして受けているとき、単に受けるのではなく、手元がどのような状態だと小手がより当たりやすくなるのかを意識すると、実際の試合で相手の手元をどのように動かせばいいのかが見えてくる。たとえば、手元が上がった方が小手が当たりやすいと思うのであれば、試合で手元を上げさせるには、どの方向に押さえればいいのか理解できるはずだ。

また、P94で解説したような、連続技などで呼吸を乱した相手の一瞬の隙を狙う戦略では、この元立ちのとき、相手が呼吸を乱して隙を作ってしまった瞬間に打てば、そこに隙があると気付かせることもできるし、自身も相手の隙を捉える練習にもなる。

元立ちの練習だけに限らず、このように意識を変えてみたり、捉え方を広げてみると、より多くのものが吸収できるようになるはずだ。もちろん剣道のときだけでなく、たとえば普段から、「この人の癖を探してみよう」といったような「癖」をつけておくと、剣道の試合を見ていても、自然と癖を見つけているはずだ。

【著者】

鈴木 剛

昭和 47 年千葉県出身
剣道教士七段
千葉県立安房高等学校－法政大学－千葉県警察

● 主な剣歴

全日本剣道選手権大会 4 回出場（平成 16 年第 52 回　優勝）
全日本選抜剣道七段選手権大会（準優勝）
国民体育大会 7 回出場（準優勝、3 位、4 位、5 位、各 1 回）
全日本東西対抗剣道大会出場
全国警察剣道選手権大会出場
全国警察剣道大会出場
全日本学生剣道優勝大会団体（優勝、3 位、各 1 回）
など。

【撮影協力】

津茂谷 知由 ［剣道五段］

【STAFF】
企画編集　冨沢 淳
ブックデザイン　古村奈々＋Zapping Studio
撮影　眞嶋和隆
校正　米山乃理子

【撮影協力】
南房総市　三芳柔剣道場

洞察《どうさつ》と戦略《せんりゃく》で勝《か》つ！ 剣道《けんどう》

全日本《ぜんにほん》選手権《せんしゅけん》優勝者《ゆうしょうしゃ》が伝《つた》える、
状況《じょうきょう》に応《おう》じた試合《しあい》運《はこ》びの極意《ごくい》

NDC 789

2018年1月20日　発　行

著　者　鈴木《すずき》 剛《つよし》
発行者　小川雄一
発行所　株式会社 誠文堂新光社
〒113-0033 東京都文京区本郷3-3-11
（編集）電話 03-5800-3614
（販売）電話 03-5800-5780
http://www.seibundo-shinkosha.net/
印刷所　広研印刷 株式会社
製本所　和光堂 株式会社

ISBN978-4-416-71743-1